# 中国证券分析师
# 预测行为及效率研究

王菊仙 著

中国人民大学出版社

·北京·

**图书在版编目（CIP）数据**

中国证券分析师预测行为及效率研究/王菊仙著．
北京：中国人民大学出版社，2025.5. --（财会文库）．
ISBN 978-7-300-33939-9

Ⅰ.F830.91

中国国家版本馆 CIP 数据核字第 2025J0L789 号

财会文库

### 中国证券分析师预测行为及效率研究

王菊仙　著

Zhongguo Zhengquan Fenxishi Yuce Xingwei ji Xiaolü Yanjiu

| | | | | | |
|---|---|---|---|---|---|
| **出版发行** | 中国人民大学出版社 | | | | |
| **社　　址** | 北京中关村大街 31 号 | | **邮政编码** | 100080 | |
| **电　　话** | 010 - 62511242（总编室） | | 010 - 62511770（质管部） | | |
| | 010 - 82501766（邮购部） | | 010 - 62514148（门市部） | | |
| | 010 - 62511173（发行公司） | | 010 - 62515275（盗版举报） | | |
| **网　　址** | http://www.crup.com.cn | | | | |
| **经　　销** | 新华书店 | | | | |
| **印　　刷** | 固安县铭成印刷有限公司 | | | | |
| **开　　本** | 720 mm×1000 mm　1/16 | | **版　　次** | 2025 年 5 月第 1 版 | |
| **印　　张** | 9.75 插页 2 | | **印　　次** | 2025 年 5 月第 1 次印刷 | |
| **字　　数** | 130 000 | | **定　　价** | 49.00 元 | |

# 前　言

随着资本市场的发展，我国证券分析师队伍不断壮大。证券分析师能够利用他们的专业优势和信息优势，对企业公开披露的信息进行解读、加工，向市场参与者传递更有效的信息，因此能够降低上市公司和投资者间的信息不对称，提高资本市场的运行效率。我国证券分析师队伍的不断壮大，有利于我国资本市场完善和长远发展，对证券分析师行为特征、作用、制度建设等方面的研究也逐渐成为学术界的热门话题。我国证券分析师行业发展和成熟的一个重要表现是证券分析师越来越频繁地在研究报告中提供现金流预测信息。根据财务理论，资产的价值等于其未来现金流的现值。证券分析师对公司未来现金流的预测信息必然影响投资者对公司内在价值的判断，进而影响投资者决策和股票市场的定价效率。而在我国股票市场错误定价现象普遍存在、现有文献更多关注盈余预测或股票推荐的情况下，研究证券分析师发布现金流预测信息的行为及其经济结果具有重要的理论贡献和实践意义。

本书以 2001—2012 年有证券分析师跟踪的中国 A 股上市公司为研究样本，结合中国特殊的资本市场和证券分析师市场背景，研究了我国证券分析师发布现金流预测信息的主客观影响因素及其经济结果。基于信息供给的视角，本书分别考察了影响证券分析师发布现金流预测信息的内在因素，以及发布现金流预测信息对证券分析师盈余预测准确度和投资者市场反应的影响。具体而言，本书首先考察了证券分析师个人特征、所跟踪公司的特征及经营风险等因素对证券分析师发布现金流预测信息行为的影响。其次，考察作为证券分析师报告内容的重要组成部分，现金流预测信息是否有助于改善其盈余预测的准确度。最后，考察如果现金流预测提供了额外的信息，改善了证券分析师盈余预测的准确度，那么这种额外信息是否带来了投资者的市场反应，具有一定的信息含量。

本书第 1 章为"导论"，另外七章的内容如下：第 2 章对我国资本市场机构投资者发展及价值投资理念的确立、证券分析师行业发展历程和其他相关的制度背景进行分析；第 3 章对证券分析师相关的国内外文献进行回顾和总结；第 4 章讨论证券分析师发布现金流预测信息的影响因素；第 5 章讨论发布现金流预测信息是否影响证券分析师盈余预测的准确度；第 6 章讨论证券分析师现金流预测与盈余预测准确度的关系在公司间的差异性；第 7 章讨论证券分析师的现金流预测是否具有信息含量，是否引起投资者反应；第 8 章为研究结论并讨论可能存在的研究不足。

本书有如下重要发现：

第一，从成本-收益的视角分析了我国证券分析师发布现金流预测信息的影响因素，结果发现那些就职于大型券商机构、从业经验丰富、跟踪行业相对较多的证券分析师更愿意进行现金流预测；所跟踪公司的治理状况越好，经营风险越小，证券分析师越愿意进行现金流预测。

第二，对于发布现金流预测信息是否有助于提高证券分析师盈余预测的准确度，本书研究发现：与没有证券分析师现金流预测的盈余预测准确度相比，有证券分析师现金流预测的盈余预测准确度更高；证券分析师过去进行现金流预测的次数越多，盈余预测准确度越高。

第三，本书进一步考察了现金流预测对盈余预测准确度的正面影响在哪些公司中更明显，结果发现：对于那些盈余波动、收入波动、经营活动现金流波动较大，以及内外部治理环境较差的公司，现金流预测对盈余预测准确度的提升作用更明显。

第四，如果现金流预测信息有用，那么是否影响了投资者的行为，是否能够带来市场反应？本书对此进行研究发现：有证券分析师现金流预测的盈余预测带来的市场反应比没有现金流预测的盈余预测带来的市场反应更大；事件日前证券分析师进行现金流预测的次数越多，市场反应越大。随着我国现金流预测越来越多地出现在证券分析师的报告中，其作用也越来大。我们的研究表明，证券分析师的现金流预测的确具有改善盈余预测质量的作用，能够得到市场投资者的认可，最终具有引导资源配置的作用。

本书有以下几方面的贡献：

第一，本书系统性地研究了中国制度背景下证券分析师发布现金流预测信息的影响因素和带来的经济结果，能够补充相关研究成果。目前较多的研究关注证券分析师盈余预测、荐股报告以及证券分析师利益冲突等，但对现金流预测的研究较少（Call，Chen and Tong，2009；DeFond and Hung，2003；McInnis and Collins，2011；王会娟、张然和张鹏，2012）。与以往研究不同，本书研究发现我国现金流预测越来越多地出现在证券分析师的报告中，说明现金流预测越来越重要。基于我国不断发展和成熟的证券市场环境，现金流预测的确具有提供额外信息的作用，因此这方面的研究补充了以前的研究成果。

第二，基于国内的特殊制度背景，本书在如下方面拓展了以前的文献。

（1）有学者已经从信息需求的角度研究过证券分析师发布现金流预测信息的原因（DeFond and Hung，2003），认为证券分析师出于满足投资者信息需求的需要发布现金流预测信息。但是基于我国特殊的资本市场和证券分析师市场环境，国外的理论并不能全面解释我国的证券分析师行为。因此，本书从信息供给的角度研究了影响我国证券分析师发布现金流预测信息的因素，为解释证券分析师进行现金流预测的行为提供了一个视角。

（2）虽然已经有人研究过证券分析师现金流预测对盈余预测准确度的影响（Call et al.，2009；袁振超、张路和岳衡，2014），但是没有人考察过证券分析师现金流预测的作用在不同公司间的差异性，对证券分析师现金流预测所带来的市场反应的研究也较少（DeFond and Hung，2003），本书拓展了这方面的文献。

第三，本书的发现具有重要的现实意义。基于我国处于发展中但并不成熟的资本市场和证券分析师行业，证券分析师发布的现金流预测信息越来越多，其作用和影响如何则是证券分析师报告的使用者非常关心的问题。本书发现现金流预测的确提高了证券分析师盈余预测的准确度，也提供了证据来表明在哪些公司中上述关系更明显，因此能够帮助投资者更好地使用证券分析师报告中的现金流预测信息，从而做出有效的决策。

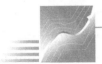

# 目　录

# 第1章 导 论

在资本市场上，证券分析师属于一个特殊的群体。他们既是信息的使用者，又是信息的提供者。他们不仅需要搜集有关上市公司的经营、财务数据及其他信息，还需要对这些信息进行分析，然后形成对公司盈余预测和价值判断的信息，并将这些信息提供给投资者，以作为他们投资决策的依据。

从世界主要资本市场来看，证券分析师主要分为卖方分析师、买方分析师和独立分析师。卖方分析师以向其他投资机构提供研究报告为主，一般就职于券商机构的研究部门；买方分析师以本机构为服务对象，主要服务于基金公司、保险公司和其他机构投资者；独立分析师则保持业务的独立，既不进行股票投资委托理财等，也不卖报告，只是向社会公众提供独立的分析意见。卖方分析师作为信息的加工者和提供者，影响资本市场的资源配置效率，因而受到学术界、实务界和监管部门的普遍关注，因此本书所讨论的证券分析师专指卖方分析师。

已有的研究表明，作为资本市场的信息中介，我国证券分析师能够提高股价的信息含量，使其包含更多有关公司基本面的信息，降低股价的同步性，从而增强价格对资源配置的引导作用，提高资本市场的运行效率（朱红军、何贤杰和陶林，2007）。然而，随着证券分析师队伍的不断发展壮大，竞争也日益激烈，在监管制度不完善的情况下，整个行业乱象百出，市场弊病日渐增多。但在声誉机制的引导下，证券分析师报告的内容出现明显的变化，现金流预测越来越多地出现在证券分析师的报告中。本书以此为切入点，较系统地研究证券分析师现金流预测对盈余预测质量及股票市场估值体系的影响。

作为导论，本章首先介绍本书的研究背景，据此提出研究问题，并分析研究意义。其次介绍本书的研究思路和研究内容。再次，介绍本书的研究样本、数据来源和研究方法。最后，介绍本书的研究贡献。

## 1.1 研究背景、研究问题和研究意义

### 1.1.1 研究背景

随着中国资本市场的不断发展和完善，机构投资者力量不断壮大，它们所倡导的以基本面分析为主的价值投资理念逐渐成为中国股票市场的主流。这促进了证券分析师队伍的不断发展和壮大。与普通投资者相比，证券分析师具有信息和专业优势，他们能够为投资者提供有关公司内在价值的信息，成为资本市场的信息中介。随着证券分析师影响的逐渐扩大，证券分析师的作用、功能、特征、制度建设等越来越受到学术界、实务界和监管部门的关注，特别是2007年股权分置改革基本完成后。基于此，本书试图结合以往的研

究成果，分析我国证券分析师的行为、特征及其影响。

具体而言，本书重点考察我国证券分析师现金流预测对盈余预测质量及股票市场估值体系的影响。主要原因如下：

### 1. 现实背景

作为信息的供给方，证券分析师充当了投资者和上市公司间的信息桥梁。他们利用自身的信息和专业优势，为投资者提供能够反映公司股票内在价值的价格信息，降低资本市场上的信息不对称，提高市场的有效性。随着证券分析师队伍的不断扩大，其内部竞争也日益激烈，发布的研究报告质量也参差不齐。为在竞争中处于相对优势地位，证券分析师必须提高自身服务质量，为投资者提供内容更丰富的研究报告，以此向投资者传递自己的报告具有更高质量的信息。因此越来越多的证券分析师报告内容中不仅包括传统的盈余预测信息和股票评级信息，还出现了现金流预测信息。

另外，随着我国资本市场不断发展和壮大，投资者队伍日益壮大，他们对股票信息的需求日益增多并多样化。但无论如何，他们都希望得到能够准确反映公司内在价值的信息作为投资决策的依据。由于我国股票市场特殊的制度和信息环境，错误定价现象普遍存在。因此，除了盈余预测和股票评级信息之外，投资者还需要其他信息，而现金流则因为比会计应计更具持续性且不易被管理层操纵，能够满足投资者的这一信息需求，这促进了证券分析师对现金流预测信息的供给。

基于信息需求和供给两方面的因素，现金流预测信息越来越多地出现在证券分析师的研究报告中。早在 1993 年，现金流预测信息就开始出现在美国证券分析师的研究报告中。当年证券分析师进行盈余预测的公司中至少有一次现金流预测的占 4.8%，证券分析师进行盈余预测时伴随着现金流预测的占所有盈余预测次数的 1.8%。2008 年，这两项数据分别上升到 56.4% 和 23.8%（Call, Chen and Tong, 2013）。我国证券分析师自 2002 年起开始对上市公司发布现金流预测信息，当年有现金流预测的盈余预测次数占所有盈余预测次数的 1.33％，2012 年这一比例则上升到 47.25％。这说明证券分析师现金流预测作为一个重要信息被越来越普遍地提供给投资者，并受到投资者的关注。

2. 理论背景

国内外有关证券分析师预测的研究主要关注公开信息对证券分析师行为的影响（Lang and Lundholm，1996；McEwen and Hunton，1999；白晓宇，2009）、私有信息对证券分析师行为的影响（Barry and Jennings，1992；Chen and Jiang，2006），而关于证券分析师现金流预测的研究相对较少。DeFond and Hung（2003）和王会娟等（2012）从信息需求的角度解释了证券分析师发布现金流预测信息的原因，认为证券分析师基于投资者的信息需求而发布现金流预测信息，更倾向于就会计应计多、会计选择范围大、盈余波动幅度大、资本集中度高、财务健康状况差的公司提供现金流预测信息。Call et al.（2009）研究了证券分析师现金流预测对盈余预测误差的影响，发现证券分析师进行了现金流预测的公司，其盈余预测误差更小。McInnis and Collins（2011）则认为证券分析师现金流预测能够提高管理层通过应计项目操控盈余的成本，是一种约束管理层操纵盈余的机制。他们也发现，证券分析师现金流预测降低了异常应计，相应地提高了财务报告的质量。袁振超和张路（2013）以我国 A 股上市公司 2003—2010 年的数据为样本进行研究，发现分析师现金流预测提高了应计项目的透明度，抑制了管理层通过应计项目进行盈余管理的行为，提高了应计质量，并且明星分析师的现金流预测对抑制管理层的盈余管理行为具有更明显的作用。

这些研究从信息需求的角度关注了证券分析师发布现金流预测信息的原因（DeFond and Hung，2003；王会娟等，2012），以及证券分析师现金流预测的一些经济结果，包括对盈余预测质量的影响（Call et al.，2009），对财务报告质量的影响等（McInnis and Collins，2011；袁振超和张路，2013）。但是这些研究没有关注证券分析师现金流预测对盈余预测质量的影响在哪些公司作用更加明显，也没有关注证券分析师现金流预测对股票市场估值效应的影响。本书将系统分析证券分析师现金流预测对盈余预测质量的影响，并且关注这种影响在哪些类型的公司中效果更加突出，以及市场对证券分析师现金流预测的反应程度。

### 1.1.2 研究问题

基于以上研究背景，本书主要关注我国股票市场上证券分析师发布现金流预测信息的主要影响因素及重要经济结果。具体来讲，本书主要研究以下几个问题：

（1）证券分析师如何选择是否发布现金流预测信息？主要讨论：在我国证券市场上，哪些主要因素影响证券分析师决定是否发布现金流预测信息？因为到目前为止，并非所有的上市公司都有证券分析师发布现金流预测信息，那么是哪些证券分析师在针对哪类公司发布现金流预测信息？这些证券分析师具有哪些特征，他们所发布现金流预测信息的公司又有哪些特点？

（2）证券分析师发布现金流预测信息的重要经济结果是什么？主要讨论：证券分析师现金流预测是否有助于提高盈余预测准确度？因为盈余预测是证券分析师报告内容的重要组成部分，而盈余预测质量也是投资者所重点关注的内容。

（3）证券分析师现金流预测对盈余预测准确度的影响是否会在不同公司间有差异？主要讨论：如果证券分析师现金流预测能够提高盈余预测质量，那么这一重要经济结果的效果是否会因公司特征不同而有差异？在哪些类型的公司中，效果会更明显？

（4）证券分析师现金流预测的市场反应如何？主要讨论：资本市场是否会认同证券分析师的现金流预测而做出相应的反应？有现金流预测的盈余预测与没有现金流预测的盈余预测哪个引起的市场反应更大？市场反应大小是否会因事件日前证券分析师进行现金流预测的次数多少而有区别？

需要说明的是，这四个问题之间具有紧密的逻辑关系。本书主要研究影响证券分析师发布现金流预测信息的主要因素和证券分析师现金流预测的经济结果。第一个问题研究影响证券分析师发布现金流预测信息的主要因素，属于对证券分析师发布现金流预测信息这一行为原因的讨论。第二个问题和第三个问题研究证券分析师现金流预测对盈余预测准确度的影响及其作用条件，第四个问题研究证券分析师现金流预测的市场反应，都属于证券分析师现金流预测经济结果的研究，其中第三个问题是对第二个问题的更深入研究。四个问题有机结合，构成对证券分析师发布现金流预测信息原因及经济结果的系统研究。

### 1.1.3 研究意义

依据财务理论，资产的价值等于其未来现金流的现值，证券分析师对公司未来现金流的预测信息必将影响投资者对公司内在价值的判断，进而影响投资决策和股票市场的定价效率。随着我国证券市场中机构投资者队伍的不断壮大，价值投资理念不断确立。在我国股票市场错误定价现象普遍存在的背景下，证券分析师报告的内容、准确度都受到学术界、实务界的关注，有关证券分析师盈余预测的研究也非常多。但是由于证券分析师进行现金流预测的时间并不长，有关证券分析师现金流预测的文献还非常少（王会娟等，2012；袁振超和张路，2013；袁振超等，2014）。因此考察证券分析师现金流预测对盈余预测质量及股票市场定价效率的影响成为一个重要问题，对该问题的解答有助于投资者正确认识证券分析师现金流预测的作用，识别我国股票市场错误定价现象，改善估值体系。

本书旨在系统研究影响我国证券分析师发布现金流预测信息的主要因素及证券分析师现金流预测的经济结果，具体来讲，本书具有以下意义：

#### 1. 补充有关证券分析师研究方面的文献

以往有关证券分析师的研究主要关注公开信息对证券分析师行为的影响（Lang and Lundholm, 1996；McEwen and Hunton,

1999；白晓宇，2009)、私有信息对证券分析师行为的影响 (Barry and Jennings，1992；Chen and Jiang，2006)、证券分析师的盈余预测 (Chen，Francis and Jiang，2005；郭杰和洪洁瑛，2009；岳衡和林小驰，2008)、证券分析师的荐股报告 (Francis and Soffer，1997；朱宝宪和王怡凯，2001) 等的经济结果，而关于证券分析师现金流预测的研究相对较少 (DeFond and Hung，2003；王会娟等，2012；袁振超和张路，2013)。本书以证券分析师现金流预测为出发点，研究证券分析师发布现金流预测信息的行为对资本市场的影响，能够补充这一方面的研究成果，丰富有关证券分析师研究方面的文献。

2. 有助于投资者有效使用证券分析师预测信息

鉴于证券分析师在资本市场中的信息中介作用，他们的信息解释和信息传递功能越来越受到投资者重视，证券分析师报告的内容也越来越受到投资者的关注。本书的研究能够帮助我们深入理解证券分析师的行为和决策过程、证券分析师进行现金流预测对盈余预测准确度的影响的内在机理和应用环境，能够帮助投资者更有效地选择和使用证券分析师报告的信息。同时，也有助于证券分析师在进行现金流预测时做出选择，更有效地为投资者提供与企业价值相关的信息。

3. 为证券分析师监管制度改革提供理论参考

随着证券分析师队伍的发展和壮大，行业内部竞争日益激烈。受券商内部其他部门及基金机构等多方面的制约，证券分析师发布研究报告的独立性通常难以保障，导致整个行业的各种乱象，市场对证券分析师的信任度极低。为此，监管部门出台了一系列相应的制度以规范证券分析师的行为，比如"隔离墙"制度、"静默期"制度等。如果证券分析师所发布的现金流预测信息能够为投资者提供更多反映公司内在价值的信息，降低投资者面临的信息不对称，保护投资者利益，那么将有效缓解监管部门的管理困境。然而，证券分析师现金流预测是否真能改善资本市场的信息环境和估值体系，却需要深入探讨和研究，本书的研究则主要为了解决这一问题。

# 1.2 研究思路和研究内容

### 1.2.1 研究思路

本书在对国内外证券分析师行为研究进行回顾和梳理的基础上，结合中国股票市场的特殊背景，以证券分析师现金流预测为研究重心，考察我国股票市场上影响证券分析师发布现金流预测信息的因素及证券分析师现金流预测的重要经济结果。具体的研究思路如下：

（1）考察我国股票市场上影响证券分析师发布现金流预测信息的因素。依据 DeFond and Hung（2003）的研究，证券分析师发布现金流预测信息是为了满足投资者的信息需求，因为现金流预测可以为投资者提供盈余预测之外有关公司内在价值的补充性信息，证券分析师针对会计应计多、会计选择范围大、盈余波动幅度大、资本集中度高、财务状况不好的公司发布现金流预测信息。但是 DeFond and Hung（2003）的信息需求假设能否解释我国证券分析师发布现金流预测信息的原因？在我国股票市场上，是哪些证券分析师主要针对哪些类型的公司发布现金流预测信息？对这些问题的回答有助于我们更深刻地理解我国资本市场上证券分析师的行为和决策过程。

（2）考察证券分析师现金流预测对盈余预测准确度的影响。如果证券分析师现金流预测有作用，会直接影响盈余预测准确度。而盈余预测准确度带来的经济结果，已存在相应的研究成果（Bryan and Tiras，2007；Gleason and Lee，2003），因此检验这一问题有助于更好地理解证券分析师现金流预测对股票市场估值体系产生影响的逻辑关系。

（3）考察证券分析师现金流预测对盈余预测准确度的影响程度在不同公司间是否存在差异。有关证券分析师现金流预测对盈余预测质量的影响已经有学者考察和验证过（Call et al.，2009；袁振超等，2014)，然而这一影响在不同公司间的差异性并未有人研究过，对这一问题的回答有助于我们深入理解证券分析师现金流预测的作用机理。

(4) 考察证券分析师现金流预测带来的市场反应。如果证券分析师现金流预测能够提供盈余预测信息之外的反映公司内在价值的信息，投资者就会利用该信息进行买、卖和持有的决策，这必然引起股票市场的波动，因此本书会考察证券分析师现金流预测是否能够引起市场反应。对这一问题的回答能够帮助我们理解证券分析师现金流预测能否改善我国股票市场的估值体系。

(5) 对以上研究结论进行总结。

本书的基本思路可由图 1-1 表示。

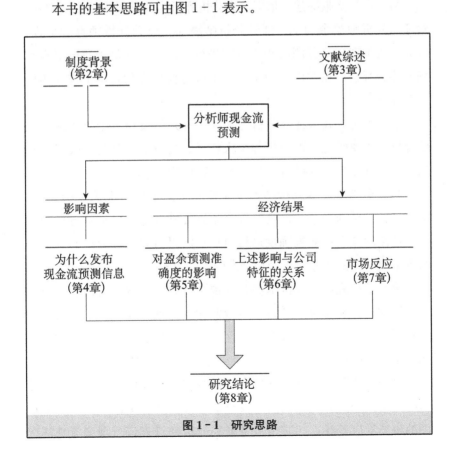

图 1-1　研究思路

### 1.2.2 研究内容

本书研究证券分析师发布现金流预测信息的主要影响因素及重要经济结果，共分为八章。各章的主要内容如下：

第1章为导论。主要对本书内容进行简单的介绍，包括研究背景、研究意义、研究思路、研究内容、研究贡献等。

第2章为制度背景分析。主要介绍我国资本市场机构投资者的发展及价值投资理念的确立，我国证券分析师行业发展历程，我国证券分析师监管制度变迁，证券分析师的基本工作内容、内部考核和外部评价及利益关系。

第3章为文献综述。依据证券分析师行为及其报告的主要内容，对证券分析师盈余预测、证券分析师跟踪、证券分析师荐股报告、证券分析师现金流预测的相关研究进行了回顾。立足于我国资本市场的特殊背景，在对以往的研究成果进行梳理之后，本书进入实证研究部分。

第4章是对我国证券分析师如何选择是否发布现金流预测信息的分析。主要研究证券分析师个人特征、公司治理状况、公司经营风险对证券分析师选择是否发布现金流预测信息的影响。

第5章研究证券分析师现金流预测对盈余预测准确度的影响。对有证券分析师现金流预测的盈余预测准确度和没有证券分析师现金流预测的盈余预测准确度进行对比；同时研究证券分析师过去进行现金流预测的次数对盈余预测准确度的影响。

第6章研究证券分析师现金流预测对盈余预测质量的影响在不同公司间是否有差异。考察在盈余波动大、现金流波动大、公司治理水平低的公司，证券分析师现金流预测对盈余预测准确度的提升效果是否更明显。

第7章研究证券分析师现金流预测的市场反应。考察有证券分析师现金流预测的盈余预测和没有证券分析师现金流预测的盈余预测的市场反应差异，同时也考察证券分析师过去进行现金流预测次

数多少的市场反应差异。

第 8 章是对本书研究成果的总结，包括研究结论与研究不足。

## 1.3　研究样本、数据来源和研究方法

本书以 2001—2012 年有证券分析师跟踪并进行盈余预测的 2 441 家 A 股上市公司为研究样本，并在此基础上进行筛选。书中几乎所有的实证研究数据均来自中国经济金融研究数据库（CSMAR）（香港理工大学和国泰安信息技术有限公司合作出版）。

本书采用了多种实证研究方法对影响证券分析师发布现金流预测信息的因素和证券分析师发布现金流预测信息的经济结果进行考察，在对我国股票市场特殊背景和以往研究进行梳理的基础上，通过描述性统计、单变量检验和多元回归等实证研究方法，对经验证据进行分析，得出相应的研究结论和下一步研究方向。

## 1.4　研究贡献

虽然到目前为止，国内学术界对证券分析师盈余预测的研究已相当丰富，但是有关证券分析师现金流预测的研究还处于起步阶段。本书在借鉴国内外相关文献的基础上，结合我国证券分析师行业的实际状况，系统地考察了影响证券分析师现金流预测的因素及证券分析师现金流预测的经济结果。本书有以下三方面的研究贡献：

第一，本书系统地研究了我国证券分析师发布现金流预测信息的影响因素及主要经济结果，包括证券分析师现金流预测对盈余预测准确度的影响及其效果在公司间的差异、证券分析师现金流预测的市场反应。对这些问题的研究有助于我们深入理解证券分析师行为及其内在作用机理和应用环境，不仅有助于投资者有效使用证券

分析师的报告，也有助于证券分析师选择发布现金流预测信息的对象，以便更有效地为投资者提供与公司内在价值具有相关性的信息。

第二，补充了相关的研究文献。国内关于证券分析师现金流预测的文献主要关注证券分析师发布现金流预测信息的原因（王会娟等，2012）、证券分析师现金流预测对企业盈余管理的影响（袁振超和张路，2013）、证券分析师现金流预测对盈余预测质量的影响（袁振超等，2014），而较少考察证券分析师现金流预测作用的效果在哪些类型的公司中更为明显以及证券分析师现金流预测的市场反应，本书的研究补充了这方面的不足。

第三，作为发展中国家，我国证券分析师行业尚处于发展阶段，也存在着一些特殊的证券市场监管制度，这些特殊的背景为我们研究发展中国家的证券分析师行为提供了很好的实验场所，本书所提供的经验证据，也能为国外相关的研究成果做相应的补充。

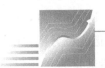

# 第 2 章　制度背景分析

证券分析师队伍的发展和壮大离不开资本市场的发展和变迁。中国资本市场投资者结构经历了由相对单一到多元化发展的阶段，特别是基金的发展、合格境外机构投资者（QFII）的推行等带来的机构投资者队伍的壮大。这些变化为证券分析师实现自身价值提供了更广阔的空间，他们的服务不再局限于证券公司内部，而是更多地延伸到外部。随着中国资本市场日趋成熟和完善，证券分析师市场也将继续扩大。

## 2.1　中国资本市场机构投资者发展及价值投资理念的确立

### 2.1.1　机构投资者发展概况

随着经济体制改革的深入和改革开放进程的加速，中国资本市场逐步成长。经过几十年的发展，中国资本市场规模越来越大。据中国上市公司协会发布的《中国上市公司 2022 年发展统计报告》，截至 2022 年 12 月 31 日，中国境内上市公司达到 5 079 家，总市值 790 180.29 亿元。另据《中国证券登记结算统计年鉴 2022》，2022 年期末投资者数量为 21 213.62 万，当年中国结算的沪深市场证券总额为 2 151.11 万亿元。在快速成长和发展的过程中，中国资本市场上的投资主体也在发生变化，最引人注目的莫过于机构投资者的不断发展和壮大。相对于个人投资者，机构投资者具有专业、技术、信息等各方面的优势。自我国证券市场形成以来，机构投资者在数量和规模上都得到了较快的发展。《中国证券登记结算统计年鉴 2022》显示，截至 2022 年期末，我国资本市场上共有投资者 21 213.62 万，其中非自然人 50.88 万，而在 2015 年期末，我国资本市场上非自然人投资者数量仅为 28.38 万。随着资本市场深化改革，我国资本市场上的机构投资者结构发生了明显变化，逐渐形成了证券投资基金、QFII、保险基金、社保基金、企业年金基金等多元化的机构投资者结构。

纵观历史，我国机构投资者的发展大概经历以下几个阶段：

第一阶段：1992—1997 年。这一时期我国资本市场上的机构投资者以证券公司为主，虽然市场上也有一些共同基金，但是由于缺乏规章制度和监管，这些基金在投机盛行、各自为政的状态中发展，这种局面因中国证券监督管理委员会（简称"证监会"）"规范老基金"而告终。

第二阶段：1997—2000 年。1997 年 11 月 14 日是中国投资基金发展史中有里程碑意义的日子。这一天，《证券投资基金管理暂行办法》这一基金行业首个全国性法规的颁布，标志着我国证券投资基金行业从此进入一个规范发展的时期。在这一阶段，进行了老基金的改制，根据资产流动性的不同，老基金分别被转换成证券投资基金、金融债券或者被清盘。除君安受益、海南银通与广证受益等被清盘以外，大部分老基金都被合并规范为证券投资基金。同时，中国第一批基金管理公司诞生。1998 年 3 月，两家基金公司分别在上海和深圳成立，两只规范运作的封闭式证券投资基金——基金金泰和基金开元相继获准发行，基金行业迎来了规范的证券投资基金试点阶段。但是 2000 年的"基金黑幕"事件①为这一阶段画上了句号。

第三阶段：2001 年至今。2001 年 9 月，中国第一只开放式证券投资基金——华安创新问世，自此之后，我国开放式基金获得了超常的发展，规模迅速扩大，至 2002 年底已增至 17 只。2003 年，《证券投资基金法》的颁布标志着我国基金行业进入了一个崭新的发展阶段。随后，QFII 进入我国资本市场，2004 年《保险机构投资者股票投资管理暂行办法》实施，标志着我国保险资金首次获准直接投资股票市场。目前，我国已形成了以证券投资基金为主，证券公司、信托公司、保险公司、QFII、社保基金、企业年金基金等机构投资者共存的多元化格局。

### 2.1.2 价值投资理念的确立

价值投资的内涵在于重点关注投资对象的未来成长性和发展潜力，通过对公司股票的基本面进行分析，使用专业的金融资产定价模型来估计股票的内在价值，比较股票市价和内在价值的高低，试图发现那些市价低于内在价值的股票并进行投资，以获得超额收益。世界发达国家相对完善和成熟的资本市场经验告诉我们，基本面分析是影响整个市场的基本因素。机构投资者所引领的价值投资理念，更注重投资收益的长期性和稳定性，这有利于维护资本市场的健康和稳定。

从 1998 年开始，规范化的基金管理公司开始在我国成立，以基本面分析为主的证券分析师数量急剧增加，影响力也逐步扩大，盈余预测、股票估值等分析手段开始在研究报告中出现。2003 年以来，QFII 的进入迫使证券分析师改变研究方式，相对完整的盈余预测和

---

① 2000 年 10 月，《财经》杂志发表了题为《基金黑幕》的文章，描述了 10 家基金管理公司旗下 22 只证券投资基金在股票交易中的违规、违法行为。

股票估值体系逐渐形成。从此，我国证券市场上的投资理念发生深刻变化，由原来投机盛行、关注技术分析的氛围逐渐转变为更注重基本面的价值投资。2003 年《新财富》对新评出的"最佳分析师"的调查显示，57％的基金经理认为证券分析师的研究报告对其投资决策有较大帮助，而且其重要发现之一是证券分析师的基本面分析在增加，股评式分析在减少①。证券分析师是市场上进行基本面分析的专业人员，机构投资者的发展为证券分析师作用的发挥创造了更好的条件，同时机构投资者所倡导的价值投资理念的深入发展也离不开证券分析师的研究工作。

## 2.2　中国证券分析师行业发展历程

中国证券分析师行业起步于 20 世纪 80 年代。当时，随着我国股份制改革的推行和投资者对证券流通交易的需求日益强烈，股票的二级市场开始出现。这时在一些大城市有人通过口头信息指导股票的买卖操作，但是并没有形成稳定的群体，这是我国证券咨询行业的萌芽。1990 年 12 月，深圳证券交易所（简称"深交所"）、上海证券交易所（简称"上交所"）相继开始营业，当时投资者对证券交易还很陌生，一些证券公司的证券营业部为了开发客户，对投资者进行一些入门指导性的服务工作，这与专业的证券咨询业务还有很大的差距。1992 年开始，在深圳、上海出现了一些专业的证券投资咨询公司，主要针对个股的信息进行整理和技术分析，从事这类工作的人被称为"股评家"。但是当时我国证券市场处于形成初期，投机风气弥漫，"股评家"的投资分析和建议主要建立在内幕消息、庄家、政策等的基础上，甚至他们会一边炒股票并代客户理财，一边

---

① 《新财富》2003 最佳分析师：探寻真实价值．（2003－06－13）．http：//finance. sina. com. cn/roll/20030613/1151352237. shtml.

做股评。在市场缺乏政策监管的情况下，他们利用新闻媒体的作用，开展了大量损害投资者利益的活动。这种现象引起了监管层的注意，1998 年 4 月，《证券、期货投资咨询管理暂行办法》及其实施细则开始实施，第一次以法规的形式规范了证券投资咨询业务。2000 年 7 月，《中国证券分析师职业道德守则》施行，2002 年 12 月 13 日中国证券业协会证券分析师委员会成立，使证券分析师的管理一步步走向规范化道路。

　　2003 年以来，随着我国资本市场的发展和机构投资者的壮大，特别是 QFII 的进入，整个证券分析师行业也在突飞猛进地发展。中国证券业协会官方网站显示，截至 2024 年 12 月 31 日，证券公司共有证券分析师 5 574 人，具体情况如表 2-1 所示。证券分析师几乎跟踪了所有的行业和大部分的上市公司，每年发布大量的研究报告。毋庸置疑，中国证券分析师在普及资本市场知识、引导投资理念等方面起到了重要作用。

表 2-1　各证券公司拥有的证券分析师数量汇总（截至 2024 年 12 月 31 日）

单位：人

| 序号 | 公司名称 | 人数 | 序号 | 公司名称 | 人数 |
|---|---|---|---|---|---|
| 1 | 爱建证券有限责任公司 | 7 | 8 | 财信证券股份有限公司 | 27 |
| 2 | 北京高华证券有限责任公司 | 0 | 9 | 长城国瑞证券有限公司 | 3 |
| 3 | 渤海汇金证券资产管理有限公司 | 0 | 10 | 长城证券股份有限公司 | 53 |
| 4 | 渤海证券股份有限公司 | 12 | 11 | 长江证券（上海）资产管理有限公司 | 0 |
| 5 | 财达证券股份有限公司 | 12 | 12 | 长江证券承销保荐有限公司 | 0 |
| 6 | 财通证券股份有限公司 | 64 | 13 | 长江证券股份有限公司 | 141 |
| 7 | 财通证券资产管理有限公司 | 0 | 14 | 诚通证券股份有限公司 | 8 |

续表

| 序号 | 公司名称 | 人数 | 序号 | 公司名称 | 人数 |
|---|---|---|---|---|---|
| 15 | 川财证券有限责任公司 | 12 | 32 | 方正证券承销保荐有限责任公司 | 0 |
| 16 | 大和证券（中国）有限责任公司 | 0 | 33 | 方正证券股份有限公司 | 61 |
| 17 | 大通证券股份有限公司 | 5 | 34 | 高盛（中国）证券有限责任公司 | 23 |
| 18 | 大同证券有限责任公司 | 7 | 35 | 光大证券股份有限公司 | 98 |
| 19 | 德邦证券股份有限公司 | 46 | 36 | 广发证券股份有限公司 | 159 |
| 20 | 德邦证券资产管理有限公司 | 0 | 37 | 广发证券资产管理（广东）有限公司 | 0 |
| 21 | 第一创业证券承销保荐有限责任公司 | 0 | 38 | 国都证券股份有限公司 | 8 |
| 22 | 第一创业证券股份有限公司 | 3 | 39 | 国海证券股份有限公司 | 85 |
| 23 | 东北证券股份有限公司 | 105 | 40 | 国金证券股份有限公司 | 122 |
| 24 | 东方财富证券股份有限公司 | 46 | 41 | 国金证券资产管理有限公司 | 0 |
| 25 | 东方证券股份有限公司 | 71 | 42 | 国开证券有限责任公司 | 12 |
| 26 | 东海证券股份有限公司 | 23 | 43 | 国联证券股份有限公司 | 96 |
| 27 | 东莞证券股份有限公司 | 32 | 44 | 国联证券资产管理有限公司 | 0 |
| 28 | 东吴证券股份有限公司 | 109 | 45 | 国融证券股份有限公司 | 3 |
| 29 | 东兴证券股份有限公司 | 31 | 46 | 国盛证券有限责任公司 | 117 |
| 30 | 东亚前海证券有限责任公司 | 11 | 47 | 国盛证券资产管理有限公司 | 0 |
| 31 | 东证融汇证券资产管理有限公司 | 0 | 48 | 国泰君安证券股份有限公司 | 174 |

续表

| 序号 | 公司名称 | 人数 | 序号 | 公司名称 | 人数 |
|---|---|---|---|---|---|
| 49 | 国投证券股份有限公司 | 77 | 66 | 华林证券股份有限公司 | 1 |
| 50 | 国投证券资产管理有限公司 | 0 | 67 | 华龙证券股份有限公司 | 20 |
| 51 | 国新证券股份有限公司 | 16 | 68 | 华泰联合证券有限责任公司 | 0 |
| 52 | 国信证券股份有限公司 | 118 | 69 | 华泰证券（上海）资产管理有限公司 | 0 |
| 53 | 国元证券股份有限公司 | 36 | 70 | 华泰证券股份有限公司 | 162 |
| 54 | 海通证券股份有限公司 | 140 | 71 | 华西证券股份有限公司 | 94 |
| 55 | 恒泰长财证券有限责任公司 | 0 | 72 | 华鑫证券有限责任公司 | 40 |
| 56 | 恒泰证券股份有限公司 | 10 | 73 | 华兴证券有限公司 | 5 |
| 57 | 红塔证券股份有限公司 | 11 | 74 | 华英证券有限责任公司 | 0 |
| 58 | 宏信证券有限责任公司 | 4 | 75 | 华源证券股份有限公司 | 41 |
| 59 | 华安证券股份有限公司 | 65 | 76 | 汇丰前海证券有限责任公司 | 34 |
| 60 | 华安证券资产管理有限公司 | 0 | 77 | 江海证券有限公司 | 9 |
| 61 | 华宝证券股份有限公司 | 22 | 78 | 金通证券有限责任公司 | 0 |
| 62 | 华创证券有限责任公司 | 110 | 79 | 金元证券股份有限公司 | 7 |
| 63 | 华福证券有限责任公司 | 105 | 80 | 金圆统一证券有限公司 | 2 |
| 64 | 华福证券资产管理有限公司 | 0 | 81 | 开源证券股份有限公司 | 91 |
| 65 | 华金证券股份有限公司 | 20 | 82 | 联储证券股份有限公司 | 6 |

续表

| 序号 | 公司名称 | 人数 | 序号 | 公司名称 | 人数 |
|---|---|---|---|---|---|
| 83 | 麦高证券有限责任公司 | 9 | 100 | 申万宏源西部证券有限公司 | 0 |
| 84 | 民生证券股份有限公司 | 107 | 101 | 申万宏源证券承销保荐有限责任公司 | 0 |
| 85 | 摩根大通证券（中国）有限公司 | 26 | 102 | 申万宏源证券有限公司 | 0 |
| 86 | 摩根士丹利证券（中国）有限公司 | 0 | 103 | 申万宏源证券资产管理有限公司 | 0 |
| 87 | 南京证券股份有限公司 | 26 | 104 | 世纪证券有限责任公司 | 12 |
| 88 | 平安证券股份有限公司 | 58 | 105 | 首创证券股份有限公司 | 17 |
| 89 | 瑞信证券（中国）有限公司 | 5 | 106 | 太平洋证券股份有限公司 | 51 |
| 90 | 瑞银证券有限责任公司 | 61 | 107 | 天风（上海）证券资产管理有限公司 | 0 |
| 91 | 山西证券股份有限公司 | 60 | 108 | 天风证券股份有限公司 | 111 |
| 92 | 山证（上海）资产管理有限公司 | 0 | 109 | 万和证券股份有限公司 | 4 |
| 93 | 上海东方证券资产管理有限公司 | 0 | 110 | 万联证券股份有限公司 | 17 |
| 94 | 上海光大证券资产管理有限公司 | 0 | 111 | 万联证券资产管理（广东）有限公司 | 0 |
| 95 | 上海国泰君安证券资产管理有限公司 | 0 | 112 | 五矿证券有限公司 | 19 |
| 96 | 上海海通证券资产管理有限公司 | 0 | 113 | 西部证券股份有限公司 | 72 |
| 97 | 上海甬兴证券资产管理有限公司 | 0 | 114 | 西南证券股份有限公司 | 77 |
| 98 | 上海证券有限责任公司 | 44 | 115 | 湘财证券股份有限公司 | 23 |
| 99 | 申港证券股份有限公司 | 4 | 116 | 信达证券股份有限公司 | 63 |

续表

| 序号 | 公司名称 | 人数 | 序号 | 公司名称 | 人数 |
|---|---|---|---|---|---|
| 117 | 兴业证券股份有限公司 | 165 | 133 | 中国银河证券股份有限公司 | 78 |
| 118 | 兴证证券资产管理有限公司 | 0 | 134 | 中国中金财富证券有限公司 | 0 |
| 119 | 星展证券（中国）有限公司 | 5 | 135 | 中航证券有限公司 | 31 |
| 120 | 野村东方国际证券有限公司 | 24 | 136 | 中山证券有限责任公司 | 6 |
| 121 | 银河金汇证券资产管理有限公司 | 0 | 137 | 中泰证券（上海）资产管理有限公司 | 0 |
| 122 | 银泰证券有限责任公司 | 3 | 138 | 中泰证券股份有限公司 | 105 |
| 123 | 英大证券有限责任公司 | 7 | 139 | 中天国富证券有限公司 | 0 |
| 124 | 甬兴证券有限公司 | 34 | 140 | 中天证券股份有限公司 | 12 |
| 125 | 粤开证券股份有限公司 | 9 | 141 | 中信建投证券股份有限公司 | 173 |
| 126 | 渣打证券（中国）有限公司 | 0 | 142 | 中信证券（山东）有限责任公司 | 0 |
| 127 | 招商证券股份有限公司 | 131 | 143 | 中信证券股份有限公司 | 261 |
| 128 | 招商证券资产管理有限公司 | 0 | 144 | 中信证券华南股份有限公司 | 0 |
| 129 | 浙江浙商证券资产管理有限公司 | 0 | 145 | 中信证券资产管理有限公司 | 0 |
| 130 | 浙商证券股份有限公司 | 167 | 146 | 中银国际证券股份有限公司 | 49 |
| 131 | 中德证券有限责任公司 | 0 | 147 | 中邮证券有限责任公司 | 46 |
| 132 | 中国国际金融股份有限公司 | 347 | 148 | 中原证券股份有限公司 | 23 |

资料来源：https：//gs. sac. net. cn/pages/registration/sac-publicity-report. html.

# 2.3 中国证券分析师监管制度变迁

证券分析师是资本市场的重要参与者，他们利用自身的信息和专业优势，向投资者提供能够反映证券内在价值的信息，能够降低资本市场上的信息不对称，提高资本市场的运行效率。我国证券分析师行业起步晚、起点低，在发展过程中存在许多分析师干扰资本市场正常运作、扰乱资本市场秩序、损害投资者利益的现象。随着我国资本市场的发展和证券分析师队伍的壮大，监管部门出台了一系列配套政策以规范证券分析师的行为。依据我国监管部门对证券分析师行业监管制度的发展过程，可以将其划分为以下几个阶段：

1. 制度建立阶段（1998—2009年）

1998年以前，我国证券分析师行业隶属于投资咨询行业，处于一种无序竞争的状态，没有相应的政策、法律法规作为从业人员的行为准则。1998年施行的《证券、期货投资咨询管理暂行办法》是我国最早规范投资咨询行业人员行为的文件，第一次以法规的形式明确了证券投资咨询行业的业务范围和行为规范，结束了当时证券投资咨询行业无序发展的局面，成为我国证券投资咨询行业发展史上的里程碑，标志着我国证券投资咨询业务进入依法经营、规范运作的阶段。《证券、期货投资咨询管理暂行办法》规定了从业人员所必须具备的资格、应有的从业态度、禁止的行为、合规信息的使用、投资建议行为等（见表2-2）。但是当时证券投资咨询主要的业务模式为"理财工作室"，之后随着证券市场的低迷和浮动佣金制的实施，会员制业务逐渐兴起并取代了"理财工作室"，但是违规操作依然频频发生。

表 2-2 《证券、期货投资咨询管理暂行办法》（1998 年施行）主要内容

| 序号 | 项目 | 主要内容 |
|---|---|---|
| 1 | 从业资格 | 第十二条 从事证券、期货投资咨询业务的人员，必须取得证券、期货投资咨询从业资格并加入一家有从业资格的证券、期货投资咨询机构后，方可从事证券、期货投资咨询业务。<br>第十三条 证券、期货投资咨询人员申请取得证券、期货投资咨询从业资格，必须具备下列条件：<br>（一）具有中华人民共和国国籍；<br>（二）具有完全民事行为能力；<br>（三）品行良好、正直诚实，具有良好的职业道德；<br>（四）未受过刑事处罚或者与证券、期货业务有关的严重行政处罚；<br>（五）具有大学本科以上学历；<br>（六）证券投资咨询人员具有从事证券业务两年以上的经历，期货投资咨询人员具有从事期货业务两年以上的经历；<br>（七）通过中国证监会统一组织的证券、期货从业人员资格考试；<br>（八）中国证监会规定的其他条件。 |
| 2 | 从业态度 | 第十九条 证券、期货投资咨询机构及其投资咨询人员，应当以行业公认的谨慎、诚实和勤勉尽责的态度，为投资人或者客户提供证券、期货投资咨询服务。 |
| 3 | 禁止的行为 | 第二十四条 证券、期货投资咨询机构及其投资咨询人员，不得从事下列活动：<br>（一）代理投资人从事证券、期货买卖；<br>（二）向投资人承诺证券、期货投资收益；<br>（三）与投资人约定分享投资收益或者分担投资损失；<br>（四）为自己买卖股票及具有股票性质、功能的证券以及期货；<br>（五）利用咨询服务与他人合谋操纵市场或者进行内幕交易；<br>（六）法律、法规、规章所禁止的其他证券、期货欺诈行为。 |

续表

| 序号 | 项目 | 主要内容 |
|---|---|---|
| 4 | 有关信息的使用 | 第二十条　证券、期货投资咨询机构及其投资咨询人员，应当完整、客观、准确地运用有关信息、资料向投资人或者客户提供投资分析、预测和建议，不得断章取义地引用或者篡改有关信息、资料；引用有关信息、资料时，应当注明出处和著作权人。<br>第二十一条　证券、期货投资咨询机构及其投资咨询人员，不得以虚假信息、市场传言或者内幕信息为依据向投资人或者客户提供投资分析、预测或建议。 |
| 5 | 有关提供投资建议和发布研究报告的规定 | 第二十五条　证券、期货投资咨询机构就同一问题向不同客户提供的投资分析、预测或者建议应当一致。<br>具有自营业务的证券经营机构在从事超出本机构范围的证券投资咨询业务时，就同一问题向社会公众和其自营部门提供的咨询意见应当一致，不得为自营业务获利的需要误导社会公众。<br>第二十六条　证券经营机构、期货经纪机构编发的供本机构内部使用的证券、期货信息简报、快讯、动态以及信息系统等，只能限于本机构范围内使用，不得通过任何途径向社会公众提供。<br>经中国证监会批准的公开发行股票的公司的承销商或者上市推荐人及其所属证券投资咨询机构，不得在公众传播媒体上刊登其为客户撰写的投资价值分析报告。 |

　　1999年施行的《中华人民共和国证券法》进一步明确了证券投资咨询行业人员的法律地位和业务范围，并进一步禁止证券投资咨询机构的从业人员买卖本咨询机构提供服务的上市公司股票（见表2-3）。

表2-3　《中华人民共和国证券法》（1999年施行）禁止的行为

| 项目 | 主要内容 |
|---|---|
| 禁止的行为 | 证券投资咨询机构的从业人员不得从事下列行为：<br>（一）代理委托人从事证券投资；<br>（二）与委托人约定分享证券投资收益或者分担证券投资损失；<br>（三）买卖本咨询机构提供服务的上市公司股票；<br>（四）法律、行政法规禁止的其他行为。 |

2000 年，中国证券业协会证券分析师专业委员会成立，标志着"证券分析师"正式在中国诞生，也标志着中国证券分析师从此走上了行业自律的道路。同年，中国证券业协会发布了《中国证券分析师职业道德守则》，对证券分析师的职业品德、执业纪律和专业胜任能力及职业责任等方面进行了明确的规定和要求。该守则要求证券分析师恪守"独立诚信、谨慎客观、勤勉尽职、公正公平"的原则。这一规定为促使分析师维护职业形象、提高职业水准打下了基础。

与《证券、期货投资咨询管理暂行办法》不同的是，《中国证券分析师职业道德守则》允许证券分析师针对不同客户提供不同的投资组合建议。在信息的使用方面，《中国证券分析师职业道德守则》要求证券分析师对"未公开重要信息履行保密义务"，比《证券、期货投资咨询管理暂行办法》中"应当完整、客观、准确地运用有关信息、资料"的规定更具体。虽然《中国证券分析师职业道德守则》基本原则提到证券分析师在执业的过程中应当保持独立性，但在执业纪律中没有细化相关的内容。其主要内容见表 2-4。

表 2-4　《中国证券分析师职业道德守则》（2000 年发布）主要内容

| 序号 | 项目 | 主要内容 |
|---|---|---|
| 1 | 基本原则 | 独立诚信、谨慎客观、勤勉尽职、公正公平 |
| 2 | 有关信息的使用 | 第十五条　证券分析师应当对在执业过程中所获得的未公开重要信息履行保密义务，不得泄露、传递、暗示他人或据以建议投资人或委托单位买卖证券。 |
| 3 | 有关提供投资建议和研究报告的规定 | 第十二条　证券分析师应当对投资人和委托单位一视同仁，遵守公正公平原则，但允许证券分析师依据投资人或委托单位财务状况、投资经验和投资目的的不同提出适合不同投资人或委托单位特点的特定投资组合建议。<br>第十三条　证券分析师应当在投资分析、预测或建议的表述中将客观事实与主观判断严格区分，并对重要事实予以明示。 |

续表

| 序号 | 项目 | 主要内容 |
|---|---|---|
| 4 | 其他执业纪律方面的要求 | 第十一条 证券分析师应当珍视"证券分析师"称号，不得有任何有损于证券分析师职业形象的行为。<br>第十四条 证券分析师应当将投资分析、预测或建议中所使用和依据的原始信息资料进行适当保存以备查证，保存期应自投资分析、预测或建议作出之日起不少于两年。<br>第十六条 证券分析师不得在进行投资预测等含有不确定因素的工作时，向投资人或委托单位作出保证。<br>第十七条 证券分析师应当相互尊重、团结协作，共同维护和增进本行业的职业道德和职业信誉。 |

为了防止证券投资咨询机构及其执业人员在业务活动中因利益冲突而可能出现的欺诈客户、操纵市场、误导投资者等违法行为的发生，更好地保护投资者的合法权益，证监会于2001年发布了《关于规范面向公众开展的证券投资咨询业务行为若干问题的通知》。这一通知更强调证券投资咨询机构及其执业人员的独立性，明确了证券投资咨询机构及其执业人员必须回避的各种情况并要求证券公司建立"防火墙"制度，但对"防火墙"制度的建立没有明确的指引。该通知的主要内容见表2-5。

表2-5 《关于规范面向公众开展的证券投资咨询业务
行为若干问题的通知》（2001年发布）主要内容

| 序号 | 项目 | 主要内容 |
|---|---|---|
| 1 | 禁止的行为 | 二、证券投资咨询机构及其执业人员从事证券投资咨询活动必须客观公正、诚实信用，不得以虚假信息、内幕信息或者市场传言为依据向客户或投资者提供分析、预测或建议；预测证券市场、证券品种的走势或者就投资证券的可行性进行建议时需有充分的理由和依据，不得主观臆断；证券投资分析报告、投资分析文章等形式的咨询服务产品不得有建议投资者在具体证券品种上进行具体价位买卖等方面的内容。<br>证券投资咨询机构及其执业人员不得参加媒体等机构举办的荐股"擂台赛"、模拟证券投资大赛或类似的栏目或节目；证券投资咨询机构及其执业人员有权拒绝媒体对其所提供的稿件进行断章取义、做有损原意的删节和修改，并自提供之日起将其稿件以书面形式保存三年。 |

续表

| 序号 | 项目 | 主要内容 |
|---|---|---|
| 2 | 应当回避的情况 | 三、证券投资咨询机构及其执业人员在与自身有利害冲突的下列情况下应当进行执业回避：<br>（一）经中国证监会核准的公开发行证券的企业的承销商或上市推荐人及其所属的证券投资咨询机构和证券投资咨询执业人员（包括自有关证券公开发行之日起十八个月内调离的证券投资咨询执业人员），不得在公众传播媒体上刊登或发布其为客户撰写的投资价值分析报告，也不得以假借其他机构和个人名义等方式变相从事前述业务；<br>（二）证券公司的自营、受托投资管理、财务顾问和投资银行等业务部门的专业人员在离开原岗位后的六个月内不得从事面向社会公众开展的证券投资咨询业务；<br>（三）证券投资咨询机构或其执业人员在知悉本机构、本人以及财产上的利害关系人与有关证券有利害关系时，不得就该证券的走势或投资的可行性提出评价或建议；<br>（四）中国证监会根据合理理由认定的其他可能存在利益冲突的情形。 |

2002 年，中国证券业协会证券分析师委员会成立，证券分析师委员会延续了原来证券分析师专业委员会的职责，并且为我国证券分析师行业自律的发展而承接了新的任务。2005 年修订的《中华人民共和国证券法》对持续信息公开、禁止交易的行为、投资咨询机构及从业人员不得有的行为、内幕交易、虚假陈述的法律责任进行了规定。其主要内容见表 2-6。

**表 2-6 《中华人民共和国证券法》（2005 年修订）主要内容**

| 序号 | 项目 | 主要内容 |
|---|---|---|
| 1 | 禁止的行为 | 投资咨询机构及其从业人员从事证券服务业务不得有下列行为：<br>（一）代理委托人从事证券投资；<br>（二）与委托人约定分享证券投资收益或者分担证券投资损失；<br>（三）买卖本咨询机构提供服务的上市公司股票；<br>（四）利用传播媒介或者通过其他方式提供、传播虚假或者误导投资者的信息；<br>（五）法律、行政法规禁止的其他行为。 |

续表

| 序号 | 项目 | 主要内容 |
|---|---|---|
| 2 | 变化之处 | 与《中华人民共和国证券法》（1999年）相比，新增了第（四）条。 |

2005年，中国证券业协会对2000年发布的《中国证券分析师职业道德守则》进行了修订，并更名为《中国证券业协会证券分析师职业道德守则》，原《中国证券分析师职业道德守则》废止。虽然新旧职业道德守则关于证券分析师执业的基本原则没有变化，但是对基本原则的解释是不一样的。例如《中国证券分析师职业道德守则》将"独立诚信"原则解释为"证券分析师应当正直诚实，在执业过程中保持中立身份，独立作出判断和评价，不得利用自己的身份、地位和执业过程中所掌握的内幕信息为自己或他人谋取私利，不得对投资人或委托单位提供存在重大遗漏、虚假信息和误导性陈述的投资分析、预测或建议"。而《中国证券业协会证券分析师职业道德守则》则将其解释为"证券分析师应当诚实守信，高度珍惜证券分析师的职业信誉；在执业过程中应当坚持独立判断原则，不因上级、客户或其他投资者的不当要求而放弃自己的独立立场"。在信息的使用方面，《中国证券业协会证券分析师职业道德守则》不仅要求证券分析师对未公开重要信息履行保密义务，并且要求证券分析师"不得依据未公开信息撰写分析报告，不得泄露、传递、暗示给他人或据以建议客户或其他投资者买卖证券"。在保证独立性方面，《中国证券业协会证券分析师职业道德守则》第二十二、二十三、二十五条都有相对细化的规定。证券分析师发布的研究报告多有雷同，甚至有直接抄袭同行的现象，《中国证券业协会证券分析师职业道德守则》第二十八、二十九条对此明确禁止。《中国证券业协会证券分析师职业道德守则》主要内容见表2-7。

表2-7 《中国证券业协会证券分析师职业道德守则》主要内容

| 序号 | 项目 | 主要内容 |
|---|---|---|
| 1 | 基本原则 | 独立诚信、谨慎客观、勤勉尽职、公正公平 |

续表

| 序号 | 项目 | 主要内容 |
|---|---|---|
| 2 | 有关信息的使用 | 第二十一条 证券分析师应当对在执业过程中所获得的未公开重要信息及客户的商业秘密履行保密义务，不得依据未公开信息撰写分析报告，不得泄露、传递、暗示给他人或据以建议客户或其他投资者买卖证券。 |
| 3 | 有关独立性的规定 | 第二十二条 证券分析师在执业过程中遇到客户利益与自身利益存在冲突，或客户利益与所在执业机构利益存在冲突，或自身利益与所在执业机构利益存在冲突时，应当主动向所在执业机构与客户申明，必要时证券分析师或证券分析师所在执业机构须进行执业回避。<br>第二十三条 证券分析师在执业过程中，不得私下接受有利害关系的客户、机构和个人馈赠的贵重财物。<br>第二十五条 证券分析师不得兼营或兼任与其执业内容有利害关系的其他业务或职务。证券分析师不得以任何形式同时在两家或两家以上的机构执业。 |
| 4 | 有关研究报告质量控制的规定 | 第二十条 证券分析师应当主动、明确地对客户或投资者进行客观的风险揭示，不得故意对可能出现的风险作不恰当的表述或作虚假承诺。<br>第二十六条 证券分析师及其执业机构不得在公共场合及媒体对其自身能力进行过度或不实的宣传，更不得捏造事实以招揽业务。证券分析师及其执业机构不得进行含有歧义和误导内容的宣传，或可能会使公众对证券分析师产生不合理期望的宣传。<br>第二十八条 证券分析师应充分尊重他人的知识产权，严正维护自身知识产权。在研究和出版活动中不得有抄袭他人著作、论文或研究成果的行为。<br>第二十九条 证券分析师在研究过程中应尽可能熟悉与了解已有的研究成果，充分尊重他人的研究成果，在研究报告中引用他人研究成果时，应当注明出处。 |
| 5 | 其他执业纪律方面的要求 | 第二十四条 证券分析师应当相互尊重、团结协作，共同维护和增进行业声誉。证券分析师不得在公众场合及媒体上发表贬低、诋毁、损害同行声誉的言论，不得以不正当手段与同行争揽业务。<br>第二十七条 证券分析师不得以客户利益为由做出有损社会公众利益的行为。 |

《中国证券业协会证券分析师职业道德守则》与《中国证券分析师职业道德守则》相比更加明确了证券分析师的职业责任，细化了执业纪律。

此后直到2009年的几年间，监管部门没有新的有关证券分析师的制度出台。总的来讲，这一阶段我国证券分析师监管制度依然没有良好和规范的体系，各种制度规定过于原则化和宽泛，不够细化和具体，使得制度的具体操作和实施相对困难。

2. 制度修订和完善阶段（2010年至今）

随着我国证券市场的发展，投资者的投资咨询服务需求不断深化，证券公司研究业务快速发展，一些对上市公司进行深度分析的研究报告逐渐受到投资者欢迎，证券研究在引领价值投资、理性投资，以及加强市场信息传播、提高市场效率等方面发挥了积极作用，但是我国证券研究机构的整体研究水平和规范程度还不够高。之前的证券分析师监管制度过于原则化和宽泛，不能保证其有效操作和实施，导致证券分析师及其所属机构产生各种乱象，证券研究的市场定价功能未能得到充分发挥。为了规范证券公司、证券投资咨询机构从事证券投资咨询业务和发布证券研究报告的行为，保护投资者合法权益，维护证券市场秩序，证监会于2010年发布了《证券投资顾问业务暂行规定》。这一规定强调了证券公司、证券投资咨询机构及其从业人员的业务能力、客户风险管理等。在证券公司、证券投资咨询机构的证券研究不足以支持证券投资顾问服务需要的情况下，"应当向其他具有证券投资咨询业务资格的证券公司或者证券投资咨询机构购买证券研究报告，提升证券投资顾问服务能力"。该规定更强调从业人员的基本面分析能力，提供投资建议要求依据"证券研究报告或者基于证券研究报告、理论模型以及分析方法形成的投资分析意见等"。其主要内容见表2-8。

表 2 - 8  《证券投资顾问业务暂行规定》(2010 年发布) 主要内容

| 序号 | 项目 | 主要内容 |
|---|---|---|
| 1 | 基本原则 | 第四条  证券公司、证券投资咨询机构及其人员应当遵循诚实信用原则,勤勉、审慎地为客户提供证券投资顾问服务。 |
| 2 | 有关独立性的要求 | 第五条  证券公司、证券投资咨询机构及其人员提供证券投资顾问服务,应当忠实客户利益,不得为公司及其关联方的利益损害客户利益;不得为证券投资顾问人员及其利益相关者的利益损害客户利益;不得为特定客户利益损害其他客户利益。 |
| 3 | 有关研究报告质量控制的规定 | 第十五条  证券投资顾问应当根据了解的客户情况,在评估客户风险承受能力和服务需求的基础上,向客户提供适当的投资建议服务。<br>第十六条  证券投资顾问向客户提供投资建议,应当具有合理的依据。投资建议的依据包括证券研究报告或者基于证券研究报告、理论模型以及分析方法形成的投资分析意见等。<br>第十七条  证券公司、证券投资咨询机构应当为证券投资顾问服务提供必要的研究支持。证券公司、证券投资咨询机构的证券研究不足以支持证券投资顾问服务需要的,应当向其他具有证券投资咨询业务资格的证券公司或者证券投资咨询机构购买证券研究报告,提升证券投资顾问服务能力。 |

2010 年,证监会还出台了《发布证券研究报告暂行规定》,对证券分析师发布研究报告的行为、内容等提出了更明确和细致的要求。与以往不同的是,针对市场上证券分析师受各方面因素制约而独立性难以保证的现象,该规定的第六条、第十二条、第十四条、第十五条、第十六条、第十七条等要求证券公司或者证券投资咨询机构执行"防火墙"、"静默期"等制度,比以往的规定更具体。《发布证券研究报告暂行规定》的发布对促进证券公司、证券投资咨询机构发布证券研究报告业务的健康发展发挥了积极作用,得到市场各方普遍认同。其主要内容见表 2 - 9。

表 2-9 《发布证券研究报告暂行规定》（2010 年发布）主要内容

| 序号 | 项目 | 主要内容 |
|---|---|---|
| 1 | 发布研究报告的原则 | 独立、客观、公平、审慎<br>第六条　从事发布证券研究报告业务的相关人员，不得同时从事证券自营、证券资产管理等存在利益冲突的业务。公司高级管理人员同时负责管理发布证券研究报告业务和其他证券业务的，应当采取防范利益冲突的措施，并有充分证据证明已经有效防范利益冲突。<br>第十二条　证券公司、证券投资咨询机构应当建立健全与发布证券研究报告相关的利益冲突防范机制，明确管理流程、披露事项和操作要求，有效防范发布证券研究报告与其他证券业务之间的利益冲突。<br>发布对具体股票作出明确估值和投资评级的证券研究报告时，公司持有该股票达到相关上市公司已发行股份1％以上的，应当在证券研究报告中向客户披露本公司持有该股票的情况，并且在证券研究报告发布日及第二个交易日，不得进行与证券研究报告观点相反的交易。<br>第十三条　证券公司、证券投资咨询机构应当采取有效管理措施，防止制作发布证券研究报告的相关人员利用发布证券研究报告为自身及其利益相关者谋取不当利益，或者在发布证券研究报告前泄露证券研究报告的内容和观点。 |
| 2 | 有关独立性的规定 | 第十四条　证券公司、证券投资咨询机构应当严格执行发布证券研究报告与其他证券业务之间的隔离墙制度，防止存在利益冲突的部门及人员利用发布证券研究报告谋取不当利益。<br>第十五条　证券公司、证券投资咨询机构的证券分析师因公司业务需要，阶段性参与公司承销保荐、财务顾问等业务项目，撰写投资价值研究报告或者提供行业研究支持的，应当履行公司内部跨越隔离墙审批程序。<br>合规管理部门和相关业务部门应当对证券分析师跨越隔离墙后的业务活动实行监控。证券分析师参与公司承销保荐、财务顾问等业务项目期间，不得发布与该业务项目相关的证券研究报告。跨越隔离墙期满，证券分析师不得利用公司承销保荐、财务顾问等业务项目的非公开信息，发布证券研究报告。<br>第十六条　证券公司、证券投资咨询机构从事发布证券研究报告业务，同时从事证券承销与保荐、上市公司并购重组财务顾问业务的，应当根据有关规定，按照独立、客观、公平的原则，建立健全发布证券研究报告静默期制度和实 |

续表

| 序号 | 项目 | 主要内容 |
|---|---|---|
| 2 | 有关独立性的规定 | 施机制，并通过公司网站等途径向客户披露静默期安排。第十七条　证券公司、证券投资咨询机构应当严格执行合规管理制度，对与发布证券研究报告相关的人员资格、利益冲突、跨越隔离墙等情形进行合规审查和监控。 |

虽然证监会于 2001 年发布的《关于规范面向公众开展的证券投资咨询业务行为若干问题的通知》就已经要求证券公司建立"防火墙"制度，之后的许多政策和规定也一再强调证券分析师执业的独立性，但始终没有专门针对"防火墙"的制度出台。各证券公司只是按照法律法规和监管要求，根据自身情况建立信息隔离墙制度，尽管也有一些效果，但业内对信息隔离墙的一些概念理解不尽一致，各公司实施信息隔离墙制度的具体方法和措施也不尽相同。因此，为指导证券公司建立健全信息隔离墙制度，防范内幕交易和管理利益冲突，中国证券业协会在借鉴国际通行信息隔离墙相关制度的基础上，根据我国证券公司管理的现实需要，于 2010 年发布了《证券公司信息隔离墙制度指引》（简称《指引》）。《指引》主要包括以下四个方面的内容：一是明确了信息隔离墙制度和敏感信息的基本概念。要求证券公司建立信息隔离墙制度，明确了公司董事会、管理层、各部门和分支机构在信息隔离墙制度建立和执行方面的职责等。二是信息隔离墙制度的一般规定。主要包括证券公司管理敏感信息的需知原则、防止敏感信息不当流动和使用的保密措施、证券公司工作人员的保密义务、信息隔离墙的建立、跨墙管理制度、观察名单和限制名单制度以及敏感信息不当泄露时的处理措施。三是对具体业务的信息隔离墙的规定。包括投资银行业务观察名单和限制名单的出入单时点、限制名单所限制的业务范围、发布证券研究报告的信息隔离措施、证券自营业务与证券资产管理业务之间联合调研和委托调研的处理、证券公司与直投子公司之间信息隔离机制的建立等。四是明确了证券公司工作人员证券投资行为的管理和监控。

规定证券公司应当建立工作人员证券投资行为管理制度，防范工作人员违规从事证券投资或者利用敏感信息谋取不当利益。

另外，2010 年的《发布证券研究报告暂行规定》较原则化，给证券公司具体执行带来了困难。市场上频繁出现研究报告质量较低、研究报告内容有低级错误、研究报告标题或者用语很难理解或容易引发歧义、上市公司业绩变脸却被强烈推荐，研究报告独立性受基金公司、媒体举办的分析师评选活动等影响，证券分析师对上市公司的调研仅仅是走过场等现象。为更进一步规范证券分析师行为，明确监管要求，2012 年，中国证券业协会发布了《证券分析师执业行为准则》和《发布证券研究报告执业规范》，同时《中国证券业协会证券分析师职业道德守则》（2005 年）废止。《证券分析师执业行为准则》和《发布证券研究报告执业规范》的内容非常广泛，涉及组织架构、业绩考评、人员管理、媒体管理等，并且对制作发布研究报告的每个业务流程提出了相应的规范要求，重点强调利益冲突的防范，以加强对证券研究报告质量的控制和证券分析师的独立性。主要内容分别见表 2-10 和表 2-11。

表 2-10 《证券分析师执业行为准则》（2012 年发布）主要内容

| 序号 | 项目 | 主要内容 |
| --- | --- | --- |
| 1 | 执业原则 | 独立、客观、公平、审慎、专业、诚信 |
| 2 | 有关独立性的要求 | 第五条　证券分析师应当保持独立性，不因所在公司内部其他部门、证券发行人、上市公司、基金管理公司、资产管理公司等利益相关者的不当要求而放弃自己的独立立场。<br>第十四条　证券分析师在执业过程中遇到自身利益与公司利益、客户利益存在冲突时，应当主动向公司报告。<br>第十五条　证券分析师的配偶、子女、父母担任其所研究覆盖的上市公司的董事、监事、高级管理人员的，证券分析师应当按照公司的规定进行执业回避或者在证券研究报告中对上述事实进行披露。<br>第十七条　证券分析师只能与一家证券公司、证券投资咨询机构签订劳动合同，不得以任何形式同时在两家或两家以上的机构执业。 |

续表

| 序号 | 项目 | 主要内容 |
|------|------|----------|
| 2 | 有关独立性的要求 | 证券分析师不得在公司内部或外部兼任有损其独立性与客观性的其他职务，包括担任上市公司的独立董事。<br>第十八条　证券分析师在执业过程中，不得向上市公司、证券发行人、基金管理公司、资产管理公司以及其他利益相关者提供、索要或接受任何贵重财物或可能对证券分析师独立客观执业构成不利影响的其他利益。 |
| 3 | 有关信息使用的规定 | 第七条　证券分析师制作发布证券研究报告，应当自觉使用合法合规信息，不得以任何形式使用或泄露国家保密信息、上市公司内幕信息以及未公开重大信息，不得编造并传播虚假、不实、误导性信息。 |
| 4 | 有关研究报告质量控制的规定 | 第八条　证券分析师制作发布证券研究报告，应当基于认真审慎的工作态度、专业严谨的研究方法与分析逻辑得出研究结论。证券研究报告的分析与结论应当保持逻辑一致性。<br>第九条　证券分析师应当充分尊重知识产权，不得抄袭他人著作、论文或其他证券分析师的研究成果，在证券研究报告中引用他人著作、论文或研究成果时，应当加以注明。<br>第十条　证券分析师制作发布证券研究报告、提供相关服务，不得用以往推荐具体证券的表现佐证未来预测的准确性，也不得对具体的研究观点或结论进行保证或夸大。 |
| 5 | 有关发布研究报告的渠道 | 第十二条　证券分析师应当通过公司规定的系统平台发布证券研究报告，不得通过短信、个人邮件等方式向特定客户、公司内部部门提供或泄露尚未发布的证券研究报告内容和观点，不得通过论坛、博客、微博等互联网平台对外提供或泄露尚未发布的证券研究报告内容和观点。 |

表 2-11　《发布证券研究报告执业规范》（2012 年发布）主要内容

| 序号 | 项目 | 主要内容 |
|------|------|----------|
| 1 | 遵循的原则 | 独立、客观、公平、审慎 |
| 2 | 有关独立性的规定 | 第四条　证券公司、证券投资咨询机构应当从组织设置、人员职责上，将证券研究报告制作发布环节与销售服务环节分开管理，以维护证券研究报告制作发布的独立性。 |

续表

| 序号 | 项目 | 主要内容 |
|------|------|----------|
| 2 | 有关独立性的规定 | 制作发布证券研究报告的相关人员，应当独立于证券研究报告相关销售服务人员；证券研究报告相关销售服务人员不得在证券研究报告发布前干涉和影响证券研究报告的制作过程、研究观点和发布时间。<br>第五条 证券公司、证券投资咨询机构发布证券研究报告，应当加强研究对象覆盖范围管理。将上市公司纳入研究对象覆盖范围并作出证券估值或投资评级，或者将该上市公司移出研究对象覆盖范围的，应当由研究部门或者研究子公司独立作出决定并履行内部审核程序。<br>第二十一条 证券公司、证券投资咨询机构应当建立合理的发布证券研究报告相关人员绩效考核和激励机制，以维护发布证券研究报告行为的独立性。<br>证券公司、证券投资咨询机构应当综合考虑研究质量、客户评价、工作量等多种因素，设立发布证券研究报告相关人员的考核激励标准。发布证券研究报告相关人员的薪酬标准不得与外部媒体评价单一指标直接挂钩。<br>与发布证券研究报告业务存在利益冲突的部门不得参与对发布证券研究报告相关人员的考核。证券分析师跨越信息隔离墙参与公司承销保荐、财务顾问业务等项目的，其个人薪酬不得与相关项目的业务收入直接挂钩。<br>第二十二条 证券公司、证券投资咨询机构的研究部门或者研究子公司接受特定客户委托，按照协议约定就尚未覆盖的具体股票提供含有证券估值或投资评级的研究成果或者投资分析意见的，自提供之日起6个月内不得就该股票发布证券研究报告。<br>证券公司、证券投资咨询机构的研究部门或者研究子公司不得就已经覆盖的具体股票接受委托提供仅供特定客户使用的、与最新已发布证券研究报告结论不一致的研究成果或者投资分析意见。<br>证券公司、证券投资咨询机构的研究部门或者研究子公司接受特定客户委托的，应当要求委托方同时提供对委托事项的合规意见。<br>第二十三条 证券公司、证券投资咨询机构应当明确要求证券分析师不得在公司内部部门或外部机构兼任有损其独立性与客观性的其他职务，包括担任上市公司的独立董事。 |

续表

| 序号 | 项目 | 主要内容 |
|---|---|---|
| 3 | 有关信息使用的规定 | 第七条　证券研究报告可以使用的信息来源包括：<br>（一）政府部门、行业协会、证券交易所等机构发布的政策、市场、行业以及企业相关信息；<br>（二）上市公司按照法定信息披露义务通过指定媒体公开披露的信息；<br>（三）上市公司及其子公司通过公司网站、新闻媒体等公开渠道发布的信息，以及上市公司通过股东大会、新闻发布会、产品推介会等非正式公告方式发布的信息；<br>（四）证券公司、证券投资咨询机构通过上市公司调研或者市场调查，从上市公司及其子公司、供应商、经销商等处获取的信息，但内幕信息和未公开重大信息除外；<br>（五）证券公司、证券投资咨询机构从信息服务机构等第三方合法取得的市场、行业及企业相关信息；<br>（六）经公众媒体报道的上市公司及其子公司的其他相关信息；<br>（七）其他合法合规信息来源。<br>第八条　证券公司、证券投资咨询机构发布证券研究报告，应当审慎使用信息，不得将无法确认来源合法合规性的信息写入证券研究报告，不得将无法认定真实性的市场传言作为确定性研究结论的依据。<br>第九条　证券公司、证券投资咨询机构发布证券研究报告，不得以任何形式使用或者泄露国家保密信息、上市公司内幕信息以及未公开重大信息。 |

在这一阶段，我国的证券分析师监管制度在不断修订中得到发展。由原来原则化、宽泛化的规定逐步走向具体和细致。这些有关证券研究机构发布证券研究报告业务以及证券分析师执业行为的规范和准则在加强投资者保护和维护市场秩序方面发挥了积极作用。

2019 年，中国证券业协会发布《证券分析师参加外部评选规范》，对证券分析师参加各类外部评选活动进行约束和规范，这一规定的出台有利于形成客观、公正的外部评选机制，促进发布研究报告业务健康发展。2020 年中国证券业协会发布新修订的《发布证券研究报告执业规范》《证券分析师执业行为准则》，进一步加强了发布证券研究报告业务自律管理和证券分析师声誉风险管理。这是为适应证券研究业务发展需要而采取的新举措，对证券分析师使用新媒体工具、证券分析师考核评价、加强研究报告质量控制等问题进行了规范。

经过多年的发展，我国逐步建立起了证券分析师行业规范，取得了一定成果。但是我国资本市场起步晚，证券分析师行业发展与西方发达国家相比还有很大差距，存在诸多尚需完善的地方。特别是在互联网时代，证券信息传播的速度更快、传输量更大，影响也更大。因此，证券信息的规范披露、证券报告的真实可靠更为重要，这需要监管部门在法规建设上进一步强化和完善对证券分析师的监管。

# 2.4　证券分析师基本工作内容、内部考核和外部评价及利益关系

### 2.4.1　证券分析师的基本工作内容

虽然证券分析师内部有更细化的分工使其工作内容不可能完全一致，但是一般而言，他们的工作内容都可以划分为研究和服务两大类。

1. 研究工作

撰写研究报告是证券分析师的基本工作。他们的研究内容包括宏观经济研究，即从财政、金融、税收、产业等各个方面分析整个国家的宏观经济，为行业分析和公司分析奠定基础；行业研究，即对一些专门的行业进行比较，研究行业周期、发展现状等，为公司分析提供信息；公司研究，这一部分是证券分析师的主要工作，包括上市公司经营战略、发展前景、所处环境等的研究。在财务报表分析层次上，则可具体分为财务分析、会计分析和前景分析（胡奕明、林文雄和王玮璐，2003）。证券分析师进行研究并撰写报告的前提是要有充分、准确的信息作为支撑。因此，证券分析师在进行具体的分析工作之前必须收集足够的信息。信息来源包括有关上市公

司的公开资料，通过政府主管部门、行业组织、上市公司或者其他
非正式组织部门获得的有关上市公司的第一手资料。证券分析师对
上市公司的盈余预测和股票评价都会反映在研究报告中，并根据新
获得的资料进行动态调整。

2. 服务工作

作为券商研究部门的工作人员，证券分析师首先要做好内部服
务工作。证券分析师的内部服务工作主要包括：在不违背"防火墙"
制度的原则下，为本公司的资产管理、证券投资部门提供咨询服务；
帮助本公司其他部门联系上市公司调研事宜；为投资银行部门撰写
所承销上市公司的价值分析报告、招股说明书等；参加本公司营业
部门的报告会、为本公司的经纪业务提供咨询等。2003 年以后，随
着机构投资者的迅速壮大特别是 QFII 的进入，券商研究所对外服务
的比重开始增加。证券分析师的外部服务工作主要包括：向机构客
户推荐或者与其交流股票或某个行业；举办行业专题研讨会，邀请
行业专家、上市公司代表与投资者进行交流活动；举办上市公司高
管见面会；与机构客户保持持续的交流。

### 2.4.2 证券分析师的内部考核和外部评价

基于证券分析师的主要工作，券商对其研究工作、服务工作进
行业绩考核。在研究工作方面，由于证券分析师发布的研究报告的
数量表明了其努力程度，而质量则表明了其业务水平，一般对证券
分析师发布的研究报告的数量和质量进行考核。在服务工作方面，
由于"防火墙"制度的设立，证券分析师的内部服务工作逐渐淡化，
所以考核主要集中在外部服务工作方面。在中国证券市场上，基金
公司因为没有上交所和深交所会员资格而通过向券商支付佣金的方
式买卖股票。同时，券商研究所的研究人员为基金公司提供服务，
但是基金公司并不对这些服务直接支付报酬。券商将来源于基金公
司佣金收入的一定比例作为研究人员创造的收入，以此作为考核研
究人员业绩的主要依据。同时，基金公司也通过定期对各券商打分

的方式来评价每家券商的服务质量，并且使打分与佣金相挂钩以激励券商提供更好的服务。

除了券商内部对证券分析师进行业绩考核之外，外部也会对分析师的业绩进行评价，例如"新财富最佳分析师""卖方分析师水晶球奖""Choice 最佳分析师""中国证券业分析师金牛奖""金麒麟最佳证券分析师""上证报最佳分析师"评选等。

### 2.4.3 证券分析师的各种利益关系

从证券分析师的工作内容、内部考核和外部评价可以看出，上市公司、机构投资者、券商内部其他部门和拟上市公司是其主要利益关系方。面对繁杂的利益关系，证券分析师的独立性、客观性也受到严峻的挑战。证券分析师利益关系见图 2-1。

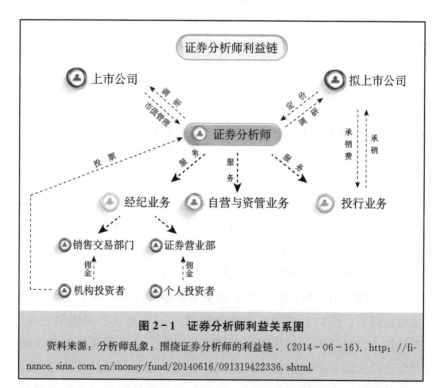

**图 2-1 证券分析师利益关系图**

资料来源：分析师乱象：围绕证券分析师的利益链．（2014-06-16）．http://finance. sina. com. cn/money/fund/20140616/091319422336. shtml.

首先，证券分析师必须维护好自己与上市公司之间的关系才能获得有价值的信息，从而有利于自己的研究工作。另外，上市公司存在市值管理的需求，它们会因此给证券分析师施加压力，要求他们发布有利于公司的研究报告，否则就不配合他们的调研工作。因此，证券分析师不愿意得罪上市公司，即使公司基本面欠佳，证券分析师宁愿选择沉默，也不愿意给出"卖出""减持"的评级。

　　其次，证券分析师要花许多时间和精力来维护好与机构投资者的关系，因为无论是证券分析师的内部考核还是外部评价都与机构投资者密切相关。因此，在与机构投资者相处的过程中，证券分析师实际上处于相对劣势的地位，即使是顶尖的证券分析师，在发布研究报告之前通常也会与重要的机构投资者沟通。

　　再次，券商内部的其他部门与证券分析师之间也存在利益关系。虽然《发布证券研究报告暂行规定》明确规定，证券公司、证券投资咨询机构发布证券研究报告，应当有效防范利益冲突，禁止从事或者参与内幕交易、操纵证券市场活动，然而，现实中遵循这一规定的证券公司并不多。具体而言，证券分析师必然会支持券商内部的经纪业务，因为来自机构投资者的佣金是其内部考核的重要依据和收入的重要来源。同时，自营与资管业务方面，虽然有"防火墙"制度，但证券分析师出于压力并不会发布所在券商自营重仓股的卖出评级报告。

　　最后，证券分析师与拟上市公司的利益关系主要体现在证券分析师的投行业务。证券分析师作为承销商或保荐人负责拟上市公司的股改和后续上市工作。在这一过程中，证券分析师需要结合拟上市公司所处的行业情况、对公司的调研情况，给出合理的发行价格，如果定价过低则必然面临来自投行部门的压力。在一些情况下，如包销制下，投行部门不仅有成功保荐股票的压力，还存在成功发行股票并完成融资的压力，如果未完成发行，则证券公司需要购买剩余股票。在这种情况下，证券分析师可能会对拟上市公司发表乐观预测，如发表"强烈建议买入""建议买入"等评级意见。

# 第 3 章　文献综述

　　证券分析师利用自身的信息和专业优势，通过对公开信息（public information）的解读、对私有信息（private information）的发现这一过程，对跟踪对象的未来盈利能力、公司价值进行预测和判断，从而向资本市场参与者提供专业化的投资建议和预测报告。因此，证券分析师既是信息的需求方，又是信息的供给方。从证券分析师信息获取和信息传递的整个过程看，可以大体分为两个方面进行研究：第一，什么因素或信息影响了证券分析师的预测行为和结果；第二，证券分析师预测能够带来什么样的经济结果。

　　限于篇幅，本章主要对与本书相关的文献进行回顾。主要涉及证券分析师盈余预测、证券分析师跟踪、证券分析师荐股报告、证券分析师现金流预测等几个方面。

# 3.1 证券分析师盈余预测研究综述

证券分析师依赖于公开信息和私有信息进行预测。公司或其他媒介会披露大量的信息，对于普通投资者而言，由于专业能力限制，有时很难理解和抓住最重要的信息，因此这会影响他们的判断和决策。证券分析师拥有理解和加工信息的能力，并且拥有专业性和资源，他们能够通过去公司调研和访谈获取私有信息，因此证券分析师的预测行为降低了信息沟通成本，缓解了企业与外部信息使用者的信息不对称现象。可见，证券分析师利用公开信息和私有信息进行预测，通过盈余预测或荐股报告的形式向市场传递专业化的信息，能够改善资本市场的效率。然而不容忽视的问题是，由于信息环境的差异和证券分析师获取信息能力的差异，有些证券分析师能够提供高质量的预测报告，有些只能提供相对低质量的预测报告；同时也会产生另一种现象，即对同一家公司的预测，由于信息获取数量和质量的差异，不同的证券分析师预测结果差异较大。这说明，证券分析师对公司进行预测和判断后，其预测结果存在一些统计特征，如预测准确度和预测分歧度等，这些统计特征既反映了证券分析师信息获取和预测能力的差异，也是证券分析师预测报告使用者重点关注的内容。预测准确度反映了证券分析师盈余预测值与盈余实际值的差异程度，差异越小，报告使用者对公司未来盈余的把握程度越高，越容易可靠地做出判断和决策；预测分歧度反映了跟踪某家公司的多个证券分析师对未来盈余预测的一致程度，一致程度越高，人们在使用盈余预测进行经济决策时面临的信息不确定性或波动性越小。预测准确度和预测分歧度反映了证券分析师预测行为或预测特征，它们会对预测报告使用者的行为或决策产生影响，因此哪些因素影响证券分析师预测行为或预测特征是很多学者关注的问题。

### 3.1.1 有关证券分析师盈余预测影响因素的研究

根据证券分析师进行盈余预测或出具预测报告的过程可以知道，他们依赖于公开信息和私有信息进行预测，因此很多学者考察哪些公开信息或私有信息影响了证券分析师的行为。在证券市场中，证券分析师和投资者面临着很多信息，最常见、成本最低的就是企业提供的财务报表信息。早期的研究关注证券分析师预测准确度是否与会计数字信息的使用有关，如 Pankoff and Virgil（1970）通过实验研究法发现，使用财务报告信息的证券分析师比没有使用财务报告信息的证券分析师能更好地进行预测。证券分析师一致认为，在正常可获得信息中，每股利润（EPS）和销售额是最重要的，大多数证券分析师认为经营活动现金流、固定资产、国民生产总值物价平减指数等是非常重要的财务信息。McEwen and Hunton（1999）研究了证券分析师盈余预测准确度与财务数据分析间的关系，提供了会计信息与证券分析师预测准确度之间联系的经验证据。Vergoossen（1993）则认为财务报告所提供的信息虽不是充分的，却是能够影响证券分析师预测的重要信息。

后续的研究开始对财务报告的具体构成、质量等方面加以关注，考察财务报告的哪些具体内容和不同质量的财务报告是否以及如何影响证券分析师盈余预测。如 Baldwin（1984）考察了分部报告的内容是否影响证券分析师盈余预测，发现使用分部报告的证券分析师盈余预测误差的均值和方差都会下降。Behn，Choi and Kang（2008）研究了审计质量和证券分析师盈余预测准确度的关系，发现由著名会计师事务所的审计专家所审计的公司，证券分析师盈余预测准确度更高，预测分歧度更小。李丹和贾宁（2009）研究发现，我国上市公司财务报告的质量越高，证券分析师盈余预测准确度越高，预测分歧度越小。这些研究仅仅关注会计信息的具体内容或特征，那么是否还有其他公开信息或总体质量也影响证券分析师行为，这是后续研究开始关注的问题。

我们知道，除了财务报告以外，公司还会披露管理层对未来盈余的预测，这一信息也是大家能够获得的。在盈余预测方面，管理层可能比外部人更了解公司未来发展前景，因此管理层盈余预测是否有助于证券分析师的盈余预测呢？管理层在进行盈余预测时，一般会采取定性描述或定量预测的方法，在定量预测时又可选择点估计、范围估计等，也就是说管理层能够选择某种预测方式和精度，这些有差异的公开信息是否影响证券分析师预测呢？Libby，Hun-Tong and Hunton（2006）研究了这一问题，结果发现管理层预测在刚公布时，并不会对证券分析师盈余预测产生影响；但在实际业绩公布后，预测形式与实际盈余之间的关系会对证券分析师预测产生联合影响。王玉涛和王彦超（2012）研究了中国制度背景下管理层业绩预告对证券分析师预测行为的影响，结果发现定量预测相对于定性预测的精度越高，对证券分析师预测越有利。

因为财务报告及其信息质量、管理层盈余预测及其质量都与公开信息的特征有关，所以一些学者开始关注整体的信息环境如何影响证券分析师预测行为。这些学者主要是从公司的整体特征出发，考察公司治理透明度、会计信息披露水平对证券分析师预测行为的影响。Basu，Hwang and Jan（1998）研究了会计计量方法和信息披露水平对证券分析师盈余预测的影响，他们认为使用权责发生制和历史成本计量方法会降低证券分析师盈余预测的准确度。财务报告披露的频率、及时性、全面性也会影响证券分析师预测，更好的信息披露环境会降低证券分析师盈余预测准确度。他们还发现，在那些会计应计更少、会计选择更少的国家，证券分析师盈余预测准确度更低。Hope（2003a）检验了各国会计政策披露水平与证券分析师预测准确度和分歧度的关系，结果发现会计政策披露水平越高，预测误差越小，预测分歧度越低；Hope（2003b）进一步发现，除了会计披露政策外，会计准则的实际执行力度和效果也会影响证券分析师预测准确度。Bhat，Hope and Kang（2006）在 Hope（2003a）研究财务透明度的基础上进一步考察并发现了公司治理透明度（governance transparency）与证券分析师盈余预测准确度正相关。白晓宇（2009）研究了我国上市公司信息披露环境对证券分析师盈余预测准确度的影响，发现上市公司信息披露政策越透明，则跟随其进行预测的证券分析师数量越多，预测分歧度越小、准确度越高。这说明，上市公司高水平的信息披露对我国证券分析师具有重要作用，并有利于缓解资本市场的信息不对称问题。

由于公开信息容易获得并且对证券分析师行为有重要影响，大量的学者首先关注这方面的研究。然而，证券分析师所能获得的公开信息的数量和质量又受许多外生因素影响，同时，从信息源的角度来讲，除公开信息外，证券分析师还努力获取私有信息来提高预测准确度。所以，许多研究沿着两条线展开：影响公开信息数量和质量的外生因素对证券分析师行为的影响；私有信息对证券分析师行为的影响。前面已经提到，许多学者研究了财务报告本身对证券分析师预测的影响（McEwen and Hunton，1999；Pankoff and Virgil，1970；Vergoossen，1993），而财务报告的质量又受会计准则影响，那么会计准则对证券分析师预测是否有影响？利用跨国数据，一些学者考察了各国会计准则差异或者会计准则变化对证券分析师预测行为的影响（Ashbaugh and Pincus，2001；Bae，Stulz and Tan，2008；Cuijpers and Buijink，2005；Tan，Wang and Welker，2011；Wang，Hou and Chen，2012）。Ashbaugh and Pincus（2001）考察了各国会计准则与国际会计准则（IAS）的差异是否影响证券分析师预测准确度，以及采用 IAS 之后预测准确度是否变化这两个问题，结果发现，一国会计准则与 IAS 差异越大，证券分析师预测误差越大，而在该国采用 IAS 之后，预测准确度得到提高。Cuijpers and Buijink（2005）则提供了不同的证据，他们考察那些自愿采用 IAS 或者美国公认会计原则（GAAP）的国家与那些采用本地 GAAP 的国家之间证券分析师预测准确度的差异，结果发现采用 IAS 或者美国 GAAP 并未立刻导致证券分析师预测准确度提高，但实施一段时间后，证券分析师预测准确度提高的效果就开始显现。

Bae et al.（2008）则研究了跟踪外国公司的本国证券分析师在面临两国会计准则差异时，预测行为是否存在差异，结果发现，证券分析师所在国与跟踪的公司所在国之间会计准则差异越大，预测准确度越低，这可能是证券分析师不熟悉外国会计准则导致的。既然国外证券分析师因为不了解本国的会计准则有可能会降低预测准确度，那么如果国际财务报告准则（IFRS）能够降低各国会计准则的差异，采用 IFRS 是否会提高国外证券分析师的预测准确度呢？Tan et al.（2011）研究了这一问题，他们发现采用 IFRS 后，国外证券分析师的预测准确度的确提高了。Wang et al.（2012）研究了跟踪中国上市公司的海外证券分析师在中国会计准则向 IFRS 转变过程中的预测行为变化，发现了与 Tan et al.（2011）一致的结果，即向 IFRS 转变提高了海外证券分析师的预测准确度。

　　另外一些研究关注私有信息获取能力的差异是否影响证券分析师的预测行为。由于私有信息很难获取，因此这方面的研究成果相对于公共信息而言较少，已有的研究只是找到能够反映或替代私有信息差异的变量，来考察这些变量与证券分析师预测行为的关系。Mikhail，Walther and Willis（1997）以证券分析师之前对某一公司发布盈余预测的次数作为衡量其经验的指标，发现随着证券分析师特定经验的增加，其预测误差明显下降。这一研究结果意味着随着证券分析师可利用信息的增多，他们的预测准确度会上升。Clement（1999）研究了证券分析师个体特征差异，发现证券分析师的从业经验、跟踪的公司数目等特征，显著影响了证券分析师的预测行为。个体特征能够在一定程度上决定证券分析师获取私有信息或理解公开信息的差异，进而对证券分析师的预测行为产生影响。Malloy（2005）发现证券分析师距离客户越近，他们获取私有信息越方便，也就越容易拥有信息优势，这有利于他们更准确地进行预测。Clement and Tse（2005）的研究发现，证券分析师盈余预测的大胆程度会随其以前预测的准确程度、所在券商规模、预测经验的上升而上升，但又随他们所跟踪行业数目的增多而下降，并且大胆预测的证券分析师，其盈余预测准确度会更高，这一结果说明大胆预测的证券分析师占有了更多的私有信息，也能够为投资者提供更多价值相关信息。Chen and Jiang（2006）研究了证券分析师使用私有信息的条件，发现在发布更为乐观的预测时，证券分析师更倾向于使用私有信息。Green，Jame，Markov and Subasi（2014）研究发现，证券分析师获得较多的私有信息有利于他们发布更加准确的预测报告。Mayew and Venkatachalam（2012）研究证券分析师通过财报电话会议（earnings conference call）获取的私有信息对证券分析师预测准确度的影响，发现参加财报电话会议的证券分析师在会后发布预测报告更加及时和准确。他们认为是否参加财报电话会议可以用于判断证券分析师是否拥有具有相对优势的私有信息。王玉涛、陈晓和侯宇（2010）从地理邻近的角度解释了国内证券分析师比跟踪我国公司的海外证券分析师预测准确度更高的原因在于他们能方便地获取私有信息。

### 3.1.2　有关证券分析师盈余预测经济结果的研究

证券分析师是资本市场的重要参与者，他们利用自身优于一般投资者的信息收集和专业分析能力，撰写研究报告对上市公司进行盈余预测以及股票评价和推荐。他们存在的重要意义在于降低资本市场上存在的信息不对称，从而减少证券市场价格与证券内在价值的偏离，促进市场的有效性。然而证券分析师所提供的研究报告是否具有信息含量，是否被市场认同，除此之外还会带来哪些重要的经济结果，也是学术界所关心的问题。

早期有关证券分析师研究报告信息含量的研究主要集中于证券分析师盈余预测与时间序列模型等其他方法相比的准确性。Cragg and Malkiel（1968）的研究认为，证券分析师的盈余预测并不比单纯利用以往盈利流的时间序列分析更准确。而 Brown and Rozeff（1978）利用季度数据对证券分析师的短期盈余预测进行研究后发现，证券分析师的平均盈余预测准确度要高于时间序列模型。Collins and Hopwood（1980）运用多元检验技术，第一次将证券分析师预测和四个一元时间序列模型放在一起进行比较，发现相对于一元时间序列模型，证券分析师预测的错误指标更少，产生异常值的数量更少，程度也更小。并且证券分析师预测能对突然事件做出反应，而一元时间序列模型则存在不反应或者反应滞后的问题。此后Brown，Hagerman，Griffin and Zmijewski（1987）又从证券分析师所具备的优势角度论证了证券分析师盈余预测优于时间序列模型。

在证券分析师盈余预测优于时间序列模型而能更好地代表市场预期的观点被较为普遍地接受之后，学术界的研究开始转向证券分析师预测的信息含量及其对股票价格和投资者回报的影响。Givoly and Lakonishok（1979）检验了证券分析师盈余预测修正的影响后发现，证券分析师盈余预测修正后两个月，超额回报依然存在。Abarbanell（1991）研究了证券分析师盈余预测是否参考了以前的价格变化。研究者认为尽管证券分析师盈余预测并不完全依赖于以往的股票价格变化，但是证券分析师盈余预测修正和以前的股票价格变化应该存在正相关关系。如果证券分析师进行盈余预测时，只使用私有信息而忽略以前的股票价格变化，那么他们的盈余预测值小于盈余实际值时股票价格会上升，否则会下降。实证结果也支持了这一推测，说明证券分析师盈余预测并没完全反映以前的股票价格变化。Abarbanell and Bushee（1997）则进一步发现，股票价格与证券分析师盈余预测同向变动，当此次盈余预测比上一次盈余预测高时，股票价格会上涨，当此次盈余预测低于上一次盈余预测时，股票价格会下跌。朱红军等（2007）从整体上考察了我国证券分析师对股票市场运行效率的影响后发现，证券分析师搜集信息的活动能够提高股票价格的信息含量，使股票价格中包含更多有关公司基本面的信息，从而降低股票价格的同步性，增强价格对资源配置的引导作用，提高资本市场的运行效率。白晓宇、钟震和宋常（2007）研究中国2003—2004年证券分析师盈余预测对股价的影响后发现，市场在实际业绩公告之前就已经对证券分析师的盈余预测误差，即盈利意外做出反应，但是对正面和负面的盈利意外的反应时间却不相同。对于正面的盈利意外，市场会在事件日之前较长的一段时间就做出反应；而对负面的盈利意外，则主要在事件日当天做出反应。而且对于正面和负面的盈利意外，市场反应方向相反，这说明在实际业绩公布前，市场价格反映了证券分析师的盈余预测信息，在实际业绩公布时，盈利意外即成为新的利好或利空消息，从而带来方向相反的累积超额回报，投资者可以借此构造投资组合并获利。

　　上述文献中，研究者均从信息获取的角度，不断挖掘影响证券分析师盈余预测特征的直接、间接因素，或者更宏观（如会计准则或制度背景）、更微观（如个体特征等）的因素，并且研究了证券分析师盈余预测行为所带来的经济结果。这些研究成果的总结如表3-1所示。

表3-1　有关证券分析师盈余预测的文献

| 分类 | | | 代表性文献 |
|---|---|---|---|
| 影响因素 | 公开信息 | 财务报告总体 | McEwen and Hunton（1999）；Pankoff and Virgil（1970）；Vergoossen（1993） |
| | | 财务报告的具体内容和质量 | Baldwin（1984）；Behn et al.（2008）；李丹和贾宁（2009） |
| | | 其他公开信息（管理层盈余预测） | Libby et al.（2006）；王玉涛和王彦超（2012） |
| | | 整体信息环境（如信息透明度） | Basu et al.（1998）；Hope（2003a，2003b）；Bhat et al.（2006）；白晓宇（2009） |
| | | 会计准则差异和变化 | Ashbaugh and Pincus（2001）；Cuijpers and Buijink（2005）；Bae，Tan and Welker（2008）；Tan et al.（2011）；Wang et al.（2012） |
| | 私有信息 | 个体特征、地理距离等 | Mikhail et al.（1997）；Clement（1999）；Clement and Tse（2005）；Malloy（2005）；Chen and Jiang（2006）；Mayew and Venkatachalam（2012）；Green et al.（2014）；王玉涛等（2010） |

续表

| 分类 | | 代表性文献 |
|---|---|---|
| 经济结果 | 证券分析师盈余预测与时间序列模型相比的准确性 | Cragg and Malkiel（1968）；Brown and Rozeff（1978）；Collins and Hopwood（1980）；Brown et al.（1987） |
| | 证券分析师盈余预测对股票价格和投资者回报的影响 | Givoly and Lakonishok（1979）；Abarbanell（1991）；Abarbanell and Bushee（1997）；朱红军等（2007）；白晓宇等（2007） |

## 3.2 证券分析师跟踪研究综述

证券分析师跟踪（securities analyst following）是指证券分析师对上市公司进行调查研究并发布研究报告的行为。由于证券分析师个人精力和时间的有限性，加上对上市公司进行调查研究需要花费许多的成本，因此他们的调查研究不可能覆盖所有的上市公司，而是要进行取舍。那么，究竟哪些因素会影响证券分析师的跟踪行为？为什么有些上市公司有较多的证券分析师跟踪，而有些则只有较少的证券分析师跟踪甚至没有证券分析师去跟踪？对这一问题的研究有利于更深入地理解证券分析师行为的经济结果及其作用机理。

### 3.2.1 有关证券分析师跟踪影响因素的研究

关于证券分析师跟踪影响因素的早期研究，主要集中在公司特征方面。Bhushan（1989）建立了一个简单的供求模型，通过研究影响证券分析师需求和供给的因素来研究证券分析师跟踪问题。Bhushan（1989）将证券分析师跟踪看作一种服务，并假设证券分析师市场不存在进入壁垒，并且所有证券分析师所提供的服务都是同质的，由此证券分析师跟踪人数由需求和供给双方共同决定。通过截面数据，Bhushan（1989）发现证券分析师跟踪人数与公司规模、机构持股比例以及所跟踪公司的盈利波动性正相关，但与公司经营行业范围和内部人持股比例负相关。但是 Bhushan（1989）的研究以证券分析师市场不存在进入壁垒和证券分析师服务的同质性为假设前提，这在现实中是不可能的，这在他的论文中已经被提到。O'Brien and Bhushan（1990）研究了证券分析师跟踪与机构投资者持股的关系，他们认为证券分析师是资本市场的信息中介，是为机构投资者服务的，因此机构投资者对特定信息的需求会影响证券分析师对所要跟踪公司的选择。O'Brien and Bhushan（1990）研究发现，证券分析师更喜欢跟踪那些处于成长期但之前跟踪人数少、股票投资回报变化幅度在下降的公司，并且如果一个行业信息披露趋向规范化，那么也将吸引更多的证券分析师去跟踪这个行业的公司。Brennan and Hughes（1991）认为证券分析师跟踪与公司规模正相关，因为公司规模越大，证券分析师获取信息越容易，并且大公司能为证券公司带来更多的交易佣金。在控制了公司规模等因素后，证券分析师更喜欢跟踪股价较低或者正在进行股票拆分的公司。Lang, Lins and Miller（2004）以来自 27 个国家的 2 500 个公司为样本，研究了所有权结构、证券分析师跟踪、投资者保护和公司价值间的关系，发现证券分析师不愿意去跟踪管理层是公司大股东的公司，因为这样的公司管理层具有较强的盈余操纵动机，并且这在小股东保护程度弱的国家更明显。在考察证券分析师跟踪与公司价值的关系时，他们发现在公司内部治理较差或者公司所在国家外部治理环境较差的时候，证券分析师跟踪与公司价值有正相关关系。他们的研究表明，在影响证券分析师跟踪的因素中，公司治理起着重要作用。林小驰、欧阳婧和岳衡（2007）研究了海外证券分析师跟踪我国上市公司的影响因素后，发现证券分析师更愿意跟踪经营质量好且风险较小、治理结构较好的公司。王宇超、肖斌卿和李心丹（2012）分析了影响我国证券分析师跟踪的因素，研究了公司规模、业务复杂程度、投资风险、股权结构和投资者关系等对证券分析师跟踪行为的影响后发现，证券分析师喜欢跟踪规模较大、交易额高、机构持股比例高、投资者关系好的公司，不太喜欢跟踪投资风险大、内部人持股比例高、业务复杂程度高的公司。范宗辉和王静静（2010）的研究也发现证券分析师更愿意跟踪利润较为稳定并且盈余操纵程度小的公司，因为这类上市公司能够成长为好公司的概率更大。

　　由于证券分析师所处的信息环境直接影响他们获取信息的成本和质量，因此也会间接影响他们的跟踪行为。如果信息环境好，证券分析师获取信息的成本就低，并且信息质量更高；如果信息环境差，证券分析师获取信息的成本就高，但是信息质量却低。为此，许多学者研究了外部信息环境对证券分析师跟踪行为的影响。Lang and Lundholm（1996）研究发现，信息披露更全面的公司会吸引更多的证券分析师去跟踪，并且这些证券分析师的预测准确度会更高，预测分歧度会更低。Lang，Lins and Miller（2003）和 Lang and Lundholm（1996）认为交叉上市可以改善公司的信息环境，因此交叉上市的公司会具有更高的市场价值，从而可以吸引更多的证券分析师去跟踪，并且证券分析师预测的准确度也更高。白晓宇（2009）研究发现，上市公司信息披露政策越透明，则跟随其进行预测的证券分析师数量越多，预测分歧度越小，预测准确度越高。这说明，上市公司的信息披露水平对证券分析师具有重要影响，高信息披露水平则有利于缓解资本市场的信息不对称问题。

### 3.2.2　有关证券分析师跟踪经济结果的研究

　　在对证券分析师盈余预测经济结果的研究中，只是将证券分析师定义为传统意义上的信息中介角色是不全面的，因为证券分析师除了能够发挥以上功能外，还扮演着另一个重要的角色，那就是上市公司管理层的外部监督者。在完美的资本市场中，信息是完备的，也就是不存在信息不对称现象，投资者不需要信息中介。然而现实中并不存在完美的资本市场，因此交易成本和代理问题必然存在。能够更好地解决这一问题的办法就是把任务交给具有相对信息和专业优势的机构或者个人。证券分析师的证券分析活动，需要对所跟踪公司过去、现在的财务和非财务信息等公开信息、私有信息进行加工和整理，需要尽可能充分地占有信息，更多地了解客观情况，以做出更准确和合理的价值判断，所以他们相对于普通投资者具有信息优势。同时，证券分析是一项相对复杂的工作，需要具备扎实的专业基础，需要对行业、政策背景、宏观经济走势有较深入的研究，因此证券分析师相对于普通投资者具有专业优势。Jensen and Meckling（1976）认为证券分析师的活动可以降低由所有权和控制权分离所带来的代理成本，因此具有公司治理作用。Moyer，Chatfield and Sisneros（1989）为 Jensen and Meckling（1976）的理论提供了经验支持，研究发现公司业绩增长幅度大的公司，证券分析师跟踪的需求大；而资产负债率高的公司，证券分析师跟踪的需求小。虽然 Moyer et al.（1989）的研究存在结果不稳定等方面的不足，但它为研究证券分析师的外部监督作用拓展了空间。在此基础上，Chung and Jo（1996）研究了公司价值与证券分析师跟踪之间的关系。因为证券分析师的外部监督作用，公司代理成本下降，公司价值应该上升。他们的实证研究结果支持了这一理论，为证券分析师发挥外部监督作用的假设提供了一定的数据支持。

证券分析师的外部监督作用不仅仅体现在公司价值上升方面，还体现在融资效率提高、管理层盈余管理行为减少等方面。Bowen，Chen and Cheng（2008）研究 1984—2000 年 4 766 家公司增发新股的抑价率后发现，证券分析师跟踪与增发新股抑价率负相关。有 3（8）个证券分析师跟踪的公司增发新股抑价率比没有证券分析师跟踪的公司低 1.19%（1.89%）。这一发现说明随着证券分析师跟踪人数增加和跟踪质量提高，所跟踪公司的权益资本成本下降。Yu（2008）则发现，随着证券分析师跟踪人数上升，公司管理层进行盈余管理的成本上升，从而盈余管理行为减少，并且这一影响在来自大券商或者经验丰富的证券分析师中更为明显。Dyck，Morse and Zingales（2010）的研究发现，证券分析师在揭发财务舞弊中能够发挥直接作用，这一作用在一些重大舞弊案中更为明显。

有关证券分析师跟踪的研究总结见表3-2。

表3-2　有关证券分析师跟踪的研究

| 分类 | | 代表性文献 |
|---|---|---|
| 影响因素 | 公司特征 | Bhushan（1989）；O'Brien and Bhushan（1990）；Brennan and Hughes（1991）；Lang et al.（2004）；林小驰等（2007）；王宇超等（2012）；范宗辉和王静静（2010） |
| | 信息环境 | Lang and Lundholm（1996）；Lang et al.（2003）；白晓宇（2009） |
| 经济结果 | 外部治理 | Jensen and Meckling（1976）；Moyer et al.（1989）；Chung and Jo（1996）；Bowen et al.（2008）；Yu（2008）；Dyck et al.（2010） |

# 3.3　证券分析师荐股报告研究综述

股票推荐是证券分析师研究报告内容的重要组成部分，对证券分析师荐股的研究早在证券分析师作为一个独立的职业时就已经开始兴起，并且集中于证券分析师荐股的投资价值方面。最初的研究结论是一致的，这些研究显示，专业的机构或者人士推荐的股票不具有投资价值，这些机构和人士在荐股方面并没有显示出优势。比如 Logue and Tuttle（1973）通过调查六家大券商的"华尔街荐股报告"，将券商荐股报告中推荐股票的业绩与随机组合的股票的业绩进行对比后发现，这些机构所推荐的股票的业绩并未优于随机组合的股票，只有一家机构例外。随后，有一些研究证实证券分析师具有专业能力，他们推荐的股票具有投资价值，能够使投资者获益。Bjerring, Lakonishok and Vermaelen（1983）以加拿大一家全国性券商的证券分析师股票推荐报告为研究样本，发现虽然股票价格没有立即对证券分析师的股票推荐做出反应，但是按照证券分析师建议进行股票买卖操作的投资者在扣除交易成本后能够得到显著的正超额回报。只是他们的研究样本比较单一，并且所研究的证券分析师的股票推荐集中于少数行业（石油天然气行业、林业和采矿业）。还有一些研究围绕价值线公司的股票推荐展开，《价值线投资调查》（*The Value Line Investment Survey*）每周将 1 700 余只股票按照对未来 12 个月的股价预测进行评级，将它们分为 5 组，将预计未来股价走势最好的股票归入第 1 组，将预计表现最差的股票纳入第 5 组。Copeland and Mayers（1982）的研究发现，在价值线投资评级公布之后，预期收益位于第 1 组的股票在未来一年内的收益持续高于第 5 组。这一结果也意味着证券分析师的股票推荐能够为投资者带来额外收益。Womack（1996）对美国主要的 14 家券商机构的证券分析师股票推荐进行研究后发现，证券分析师股票推荐与股票价格形成之间有重要的联系。即使只有较少的证券分析师股票推荐报告能够提供与公共新闻或者之前可利用的信息一致的证据，证券分析师股票推荐的最初回报也是可观的。Womack（1996）还发现，证券分析师的荐股报告发布后 6 个月依然能为投资者带来超额回报。但是对于买入和卖出的荐股意见，事后市场反应的强度是不对称的。对于买入意见，事后市场的反应是短期且温和的，对于卖出意见，事后市场反应持续的时间更长。这些研究结果说明证券分析师具有把握市场时机和正确选择股票的能力。Barber et al.（2001）研究投资者利用证券分析师荐股报告来构建投资组合从而达到获利目的的可能性，发现如果不考虑交易成本，投资者买入评价最高的主流推荐股票并卖出那些评价最低的主流推荐股票，每日根据证券分析师股票推荐意见进行头寸的调整，可以得到年度高于 4％的超常收益。但是频繁地调整头寸会产生较高的交易成本，考虑这一因素后投资收益并不能显著地大于零。林翔（2000）对中国证券投资咨询机构推荐的股票进行研究后发现，它们推荐的股票能够产生正的持续性超常收益，并且交易量会大幅上涨，这一研究结论说明证券投资咨询机构掌握一定的私有信息。朱宝宪和王怡凯（2001）的研究发现媒体选股能够为投资者带来超额收益，并且短线的股票投资组合收益高于投资基金的收益，而中期的股票投资组合收益低于市场的平均收益。

Michaely and Womack（1999）研究了利益冲突对证券分析师股票推荐行为的影响后发现，证券分析师会更愿意推荐本公司承销的股票，有些时候他们甚至会推荐质量较低的公司股票给投资者。证券分析师的这种行为直接导致承销方的证券分析师推荐的股票比非承销方的证券分析师推荐的股票表现得更差。Jegadeesh et al.（2004）的研究发现，证券分析师更愿意推荐具有成长性的股票，一般而言这样的股票具有高增长性、高交易量并且价格比较高。对于质量较好的股票，经证券分析师推荐后它们的价值会上升，而那些质量较差的股票，证券分析师推荐会给投资者带来更差的收益。

有关证券分析师荐股报告的研究总结见表 3-3。

表 3-3　有关证券分析师荐股报告的研究

| 分类 | 代表性文献 |
| --- | --- |
| 影响因素 | Michaely and Womack（1999）；Jegadeesh et al.（2004） |
| 经济结果 | Logue and Tuttle（1973）；Bjerring et al.（1983）；Copeland and Mayers（1982）；Womack（1996）；Barber et al.（2001）；林翔（2000）；朱宝宪和王怡凯（2001） |

# 3.4　证券分析师现金流预测研究综述

在信息需求和信息供给双方的相互作用下，证券分析师报告的内容也在逐渐发生变化。早在 1993 年，现金流预测就开始出现在美国证券分析师的研究报告中。当年证券分析师进行盈余预测的公司中至少有一次现金流预测的占 4.8%，证券分析师发布盈余预测时伴随着现金流预测的占所有盈余预测次数的 1.8%。2008 年，这两项数据分别上升到 56.4% 和 23.8%（Call et al.，2013）。我国证券分析师自 2002 年起开始对上市公司发布现金流预测，当年有现金流预测的盈余预测次数占所有盈余预测次数的 1.33%，2012 年这一比例则上升到 47.25%。这说明证券分析师现金流预测作为一个重要信息被越来越普遍地提供给投资者，并受到投资者的关注。

随着证券分析师现金流预测的增多，学术界对这一内容的关注度也越来越高。就目前已有的文献来讲，对证券分析师现金流预测的研究主要涉及三个方面：证券分析师进行现金流预测的原因、影响证券分析师现金流预测准确度的因素、证券分析师现金流预测带来的经济结果。针对证券分析师发布现金流预测信息的原因，有信息需求假设和策略性选择两种解释。信息需求假设的提出者 DeFond and Hung（2003）认为证券分析师进行现金流预测是为了满足投资者的信息需求，对于会计应计多、会计选择范围大、盈余波动性大、资本集中度高和财务健康状况不佳的公司，投资者需要更多的信息来判断公司的内在价值。因此，证券分析师更倾向于对这类公司发布现金流预测信息。他们还发现实际盈余公告日附近的股票回报率与证券分析师的现金流预测误差相关，并不与盈余预测误差相关。DeFond and Hung（2007）认为，投资者保护程度弱时，公司盈余并不能全面反映公司真实的经营活动，因此投资者对现金流信息的需求增强。他们通过比较不同国家对投资者的保护程度后发现，在投资者保护程度弱的国家，证券分析师更倾向于发布现金流预测信息；在盈余管理较为普遍、盈余价值相关性低的国家，证券分析师更倾向于发布现金流预测信息。他们的研究提供了信息需求假设的国际经验证据。王会娟等（2012）对我国证券分析师发布现金流预测信息的公司的特征进行研究后发现，证券分析师对现金流需求高的公司发布现金流预测信息的可能性更大。并且由于非国有企业相对于国有企业在经营、财务、盈余状况等方面的劣势，证券分析师更倾向于对非国有控股的上市公司进行现金流预测，他们的研究进一步验证了信息需求假设。

虽然有关证券分析师现金流预测的信息需求假设占有主流地位，但是也有学者从其他角度解释了证券分析师发布现金流预测信息的原因。Yoo, Pae and Salterio（2011）认为进行现金流预测是证券分析师的一种策略性选择。出于建立个人声誉和赢得投资者信任的考虑，证券分析师希望按自己的意愿发布能够如实反映公司经营状况的盈余预测报告。但是如果证券分析师的盈余预测对公司而言会形成一种负面影响的话，那也将给证券分析师带来一系列的不利影响，包括从管理层获取私有信息的机会降低、潜在的投资银行业务减少、交易佣金下降等。因此，当证券分析师向下修正盈余预测会给自己带来负面影响时，他们会选择同时向上修正现金流预测来减少这一负面消息的影响。Yoo et al.（2011）的研究从证券分析师利益冲突的角度对其发布现金流预测信息的行为做出了解释。

证券分析师发布现金流预测，其准确度必然受各种因素影响。Pae and Yoon（2012）研究了影响证券分析师现金流预测准确度的因素，发现现金流预测频率高、预测经验丰富、跟踪公司数量少的证券分析师现金流预测相对更准确。与盈余预测经验和过去盈余预测的准确度相比，证券分析师现金流预测经验和过去现金流预测的准确度更能解释当前现金流预测的准确度。

随着研究的推进，许多学者将关注点转向证券分析师现金流预测的经济结果方面。这些研究包括证券分析师现金流预测对投资者行为及股票市场定价效率的影响、对公司管理层盈余管理行为的影响、对公司财务报告质量的影响等。Call（2008）认为证券分析师发布现金流预测信息能够对公司发布现金流信息起到监督作用。因为证券分析师的现金流预测能够规范管理者的行为，促使他们提供具有较高信息含量并且能够反映企业状况的现金流信息。研究发现有证券分析师发布现金流预测信息的公司，现在的现金流对未来现金流的预测能力会更强；证券分析师开始进行现金流预测的公司，现在的现金流对未来现金流的预测能力会提高。并且投资者会增加对有证券分析师现金流预测信息的公司的投资比重，这种增持现象在证券分析师刚发布现金流预测信息时尤其明显。最终证券分析师的现金流预测信息减少了现金流定价低估的市场异象。Call et al.（2009）

认为证券分析师在进行现金流预测时，会全面地分析财务报告和盈余的构成，因此能够更好地理解公司盈余构成的特征。研究发现证券分析师现金流预测能够提高盈余预测的准确度，并且准确的现金流预测能够降低证券分析师被解雇的概率。但是 Givoly，Hayn and Lehavy（2009）认为证券分析师现金流预测的技术并不成熟，导致现金流预测相较于盈余预测准确度更低，因此所具有的信息含量也低，与股票回报的相关性很弱。McInnis and Collins（2011）则认为当证券分析师提供盈余预测和经营性现金流预测信息时，他们实际上也提供了经营性应计信息。这样现金流预测信息将异常盈余分解为异常现金流和异常收益两部分。McInnis and Collins（2011）假设现金流预测提高了应计项目的透明度，也就增加了管理层通过应计项目操控盈余的成本。因此，证券分析师提供现金流预测信息能够对管理层通过应计项目操控利润形成有效约束，从而提高应计项目的报告质量，而这又会增加证券分析师的现金流预测信息。研究发现，在证券分析师提供现金流预测信息后，异常应计有了大幅度的下降，相应地提高了财务报告的质量。Call et al.（2013）通过直接调查证券分析师发布现金流预测信息时对应计项目的调整来研究现金流预测的复杂性。如果证券分析师只是将折旧费用加进盈余，而不进行应计项目的调整，那么他们的现金流预测只是盈余预测的一个延伸，对投资者和利益相关者来讲没有意义。Call et al.（2013）将复杂的现金流预测定义为既包括了折旧和摊销费用，又包括了应计项目的调整；将简单的现金流预测定义为只是简单地包括了折旧和摊销费用。Call et al.（2013）的研究发现，证券分析师进行现金流预测时，不仅仅将折旧和摊销费用加了进来，还进行了应计项目的调整，使大部分证券分析师的个人和一致现金流预测比简单现金流预测更为精确。Call et al.（2013）还比较了复杂的现金流预测与时间序列现金流预测法，发现进行了应计调整的复杂现金流预测表现更出色，因此证券分析师现金流预测更具有信息含量。研究的结果还证明，证券分析师修正现金流预测信息能够带来正的异常收益。

袁振超和张路（2013）以我国 A 股上市公司 2003—2010 年的数据为
样本进行研究，发现证券分析师现金流预测提高了应计项目的透明
度，抑制了管理层通过应计项目进行盈余管理的行为，提高了应计
质量。此外，明星分析师的现金流预测更能抑制管理层的盈余管理
行为。

有关证券分析师现金流预测的研究见表 3 - 4。

**表 3 - 4　有关证券分析师现金流预测的研究**

| 分类 | 代表性文献 |
| --- | --- |
| 原因 | DeFond and Hung（2003）；DeFond and Hung（2007）；王会娟等（2012）；Yoo et al.（2011） |
| 影响因素 | Pae and Yoon（2012） |
| 经济结果 | Call（2008）；Call et al.（2009）；Givoly et al.（2009）；McInnis and Collins（2011）；Call et al.（2013）；袁振超和张路（2013） |

# 第4章　影响证券分析师发布现金流预测信息的因素

## 4.1　引　言

近年来，证券分析师研究报告的内容出现了一个明显的变化，那就是针对上市公司的现金流预测信息越来越多。截至 2008 年，美国 56.4％的公司被证券分析师发布过现金流预测信息（Call et al.，2013）。而在中国，证券分析师对 2012 年 2 453 家 A 股上市公司中的 1 372 家进行了现金流预测，占 55.9％。证券分析师为何要自发地向投资者提供有关上市公司现金流的预测信息？对这一问题的研究始于 DeFond and Hung（2003），他们从公司盈余、经营和财务状况的角度出发，认为证券分析师发布现金流预测信息是为了满足投资者对公司现金流信息的需求，因为现金流预测信息能够提供盈余预测信息之外具有价值相关性的增量信息。他们对美国 1993—1999 年证券分析师发布现金流预测信息的上市公司进行研究后发现，证券分析师更倾向于对应计项目多、可选择的会计方法多、盈余波动性大、资本密集度高、财务状况不佳的公司发布现金流预测信息。然而 Givoly et al.（2009）却对 DeFond and Hung（2003）的信息需求假设提出了质疑，他们的研究发现证券分析师现金流预测的准确度并不高，并且与盈余预测相比，现金流预测准确度提高的速度也较慢。现金流预测信息含量较低，与投资者收益间的关系也很弱。更为重要的是，现金流预测与营运资本和其他应计项目间的关系也很弱。因此，Givoly et al.（2009）认为证券分析师现金流预测只是盈余预测的一个简单延伸，信息需求假设不能解释证券分析师发布现金流预测信息的动机。在我国资本市场和证券分析师市场都不成熟和完善的特殊背景下，证券分析师出于何种动机而发布现金流预测信息？具有什么特征的证券分析师在针对哪些公司进行现金流预测？这是本章所要研究的重点问题。

作为理性经济人，证券分析师必然以最大化个人利益为目标。声誉对他们而言是一种无形资产，是证券分析师在业内站稳脚跟、获取更高报酬的基础（胡奕明和金洪飞，2006），因此证券分析师会出于建立和维护个人声誉的动机为投资者提供现金流预测信息。但同时，他们会考虑这一行为相应的成本和风险。如果对某一公司进行现金流预测的成本过高或者风险太大，导致预期边际收益小于边际成本，那么证券分析师很有可能选择放弃。在成本-收益原则下，证券分析师在决定是否对某一公司进行现金流预测时首先会考虑个人的能力。因为相对于盈余预测，公司的现金流预测难有规律可循，进行现金流预测需要证券分析师全面地预测公司的一整套财务报告，包括损益表、资产负债表、现金流量表，还要更加关注公司盈余的各个组成部分（Call et al.，2009）。如果证券分析师有丰富的可利用资源和个人经验，获取各种信息的渠道更多，对信息的解读能力也更强，那么他们进行现金流预测的难度较低，则会选择发布现金流预测信息。同时，证券分析师还会考虑公司治理状况和经营风险。公司治理状况影响了证券分析师获得信息的难易程度和所获取的信息质量的高低，经营风险则会影响证券分析师预测的难度和准确性，因此证券分析师在选择对哪些公司进行现金流预测时，会综合考虑以上因素。基于此，本章综合考察了证券分析师个人特征、公司治理状况、经营风险对证券分析师现金流预测行为的影响后发现：所在券商机构规模大、经验丰富、跟踪行业较多的证券分析师更愿意发布现金流预测信息；公司治理状况越好，证券分析师越愿意发布现金流预测信息；公司业务越简单、经营风险越小，证券分析师越愿意发布现金流预测信息。

本章主要有以下几个研究贡献：第一，补充了证券分析师现金流预测研究方面的相关文献。有关证券分析师盈余预测方面的研究已经非常丰富，但是对证券分析师现金流预测的研究相对较少（Call et al.，2009；DeFond and Hung，2003；DeFond and Hung，2007；McInnis and Collins，2011）。已有的研究从信息需求的角度解释了证券分析师进行现金流预测的决定因素（DeFond and Hung，2003），本章基于中国资本市场和证券分析师市场背景，从信息供给的角度研究了证券分析师发布现金流预测信息的动机，补充了这方面的文献。第二，有助于深入理解证券分析师行为和决策过程。本章的研究发现那些经验丰富、可利用资源多的证券分析师会对治理状况好、经营风险小的公司进行现金流预测，充分说明证券分析师的行为和决策符合"经济人"假设和成本-收益原则。第三，在实践上，有助于投资者有效选择和利用证券分析师报告。盈余和现金流都是与公司价值相关的会计信息，投资者可利用证券分析师现金流预测信息更有效地进行投资决策。

本章其他部分安排如下：4.2节为研究假设，4.3节在理论分析的基础上给出研究模型和变量定义，4.4节为实证分析，4.5节是主要研究结论。

# 4.2　研究假设

本章主要研究影响证券分析师发布现金流预测信息的因素，考察证券分析师个人特征、公司治理状况、公司经营风险等对证券分析师现金流预测行为的影响，拓展了这方面的研究成果。

在资本市场上，证券分析师利用自身的信息和专业优势为投资者提供和解读信息，降低了上市公司和投资者间的信息不对称，成为两者之间的信息桥梁。但是，证券分析师也是以最大化自身利益为目标的"理性人"，他们希望能够以最低的成本获取最大的个人收益，自发地为投资者提供现金流预测信息的行为符合这一原则。

随着我国资本市场的快速发展，证券分析师队伍也不断壮大。中国证券业协会官方网站的数据显示，截至 2011 年底，我国证券类卖方证券分析师总数为 1 969 人，他们每年都发布大量的研究报告，但是这些报告的质量参差不齐。对于投资者而言，在信息不对称的市场上甄别不同证券分析师报告质量最简单直接的方法就是观察他们的盈余预测方式，也就是除进行盈余预测外，是否还发布其他价值相关信息。Call et al.（2009）和袁振超等（2014）都发现，发布现金流预测信息的证券分析师盈余预测质量会更高。因此，投资者可以通过观察证券分析师报告内容来判断其盈余预测质量高低，那些伴随着现金流预测信息的盈余预测质量相对更高。

对于证券分析师而言，在激烈的竞争中脱颖而出是他们努力的方向，他们需要向投资者传递自己更专业、更努力的正面信息，以建立和维护个人声誉。声誉是一种无形资产，是证券分析师在业内站稳脚跟、获取更高报酬的基础（胡奕明和金洪飞，2006）。已有的研究表明，证券分析师会通过披露所跟踪公司的收入预测信息来建立和维护个人声誉（Ertimur et al.，2011；廖明情，2012）。同样地，发布现金流预测信息也是证券分析师建立和维护个人声誉的一种渠道。但是，无论通过哪种渠道建立和维护个人声誉，证券分析师都会考虑这一行为相应的成本和风险。成本主要指证券分析师进行预测的难度，风险主要指预测准确度对证券分析师个人声誉的影响。因此，现实中我们发现证券分析师发布现金流预测信息也是有选择的，并非所有的证券分析师对自己所跟踪的上市公司都进行了现金流预测。只是部分证券分析师就自己跟踪的部分上市公司提供了现金流预测信息。而证券分析师个人特征、所跟踪上市公司的公司治理状况与经营风险等都是影响现金流预测成本和准确度的重要因素，因此本章主要分析这几个因素对证券分析师现金流预测行为的影响。

### 4.2.1 证券分析师个人特征与证券分析师现金流预测

已有的许多文献从证券分析师所在券商机构规模、证券分析师经验、证券分析师所跟踪行业数量等方面研究了证券分析师个人特征对盈余预测准确度的影响（Clement，1999；Clement and Tse，2005；Jacob，Lys and Neale，1999），本章将研究这些因素对证券分析师现金流预测行为的影响。相对于盈余预测，公司的现金流预测对证券分析师的个人能力、经验和可利用资源有较高的要求。Clement（1999）发现，证券分析师所在券商机构的规模、证券分析师的经验与证券分析师盈余预测的准确度正相关，可以推测这两个因素对证券分析师现金流预测行为有影响。首先，证券分析师所处的平台对其个人发展有重要的影响，大券商机构实力雄厚、资源丰富，更容易聚集优秀的证券分析师，能为证券分析师提供较好的研究基础和条件，就职于大券商机构的证券分析师在进行现金流预测时具有更多的优势，他们更有发布现金流预测信息的能力和动力。其次，经验丰富的证券分析师能更好地把握宏观经济走势，更了解行业发展状况，对企业的经营和财务状况有更可靠的判断和解读，预测准确度更高，他们发布的研究报告也更容易被投资者接受，这些都能促进证券分析师为投资者提供更多的信息。因此可以推断经验丰富的证券分析师更有进行现金流预测的能力，也更有发布现金流预测信息的意愿。最后，证券分析师跟踪的行业数量多，一方面说明他们的前期经验更丰富，个人能力更强并且更努力，另一方面说明他们获取的信息更广泛，为建立和维护个人声誉，他们也更愿意发布现金流预测信息。因此，提出本章的第一个研究假设：所在券商机构规模大、经验丰富、跟踪行业数量相对较多的证券分析师，更愿意进行现金流预测。

### 4.2.2 公司治理状况与证券分析师现金流预测

公司治理是影响公司财务状况和财务报表质量的外在因素，会进一步影响证券分析师获取信息的难易程度和获取的信息的质量高低。公司治理机制有助于约束管理层操纵盈余的行为，提高信息透明度和信息质量，有利于证券分析师进行现金流预测。Lang and Lundholm（1996）和白晓宇（2009）都发现证券分析师更愿意关注信息容易获取并且透明度高的公司，公司的信息披露水平越高，证券分析师盈余预测的准确度也越高。证券分析师以建立和维护个人声誉为目的进行现金流预测的行为，必然会考虑信息的获取成本和质量。如果公司治理水平低，证券分析师获取信息的难度大并且获取的信息质量低，那么证券分析师现金流预测的质量也不高，这不但不能帮助他们建立和维护个人声誉，相反，将对证券分析师的个人声誉造成损害，有悖于他们的初衷。林小驰等（2007）发现，在中国资本市场上海外证券分析师更倾向于对治理结构较好的公司进行预测。由此，提出本章的第二个研究假设：公司治理状况越好，证券分析师越愿意发布现金流预测信息。

### 4.2.3 公司经营风险与证券分析师现金流预测

Lang and Lundholm（1996）发现证券分析师更愿意跟踪那些信息容易获得并且透明度高的公司，这表明证券分析师有风险规避的倾向。证券分析师在选择现金流预测对象时，必然会考虑预测的难度和准确度，因为这直接关系到证券分析师现金流预测的成本和证券分析师的声誉。首先，公司业务越复杂，证券分析师获取和加工信息的成本就越高，证券分析师越不愿意发布现金流预测信息。一般而言，证券分析师是按行业进行研究的，每个证券分析师会相对集中地研究一个或者几个行业。证券分析师在研究企业时，也会花大量的时间研究企业所在的行业，与同行业企业进行对比分析，然后才对所跟踪企业的经营、管理和财务状况进行评价。如果公司业务相对复杂，特别是这些业务之间的相关性较差，证券分析师进行现金流预测就需要花更多的时间和精力。对于这类企业，证券分析师进行现金流预测的边际收益容易小于边际成本，导致证券分析师放弃对其进行现金流预测。其次，股票回报的稳定有利于降低证券分析师现金流预测的难度，提高预测的准确度。因此，证券分析师会更倾向于对这类公司发布现金流预测信息。O'Brien and Bhushan (1990) 发现随着公司回报波动率下降，跟踪的证券分析师人数会更多。由此，提出本章的第三个研究假设：公司经营风险越小，证券分析师越愿意发布现金流预测信息。

## 4.3　研究模型与变量定义

为检验以上假设，本章构建以下模型：

$$
\begin{aligned}
ACF_{i,g,t} = &\alpha_0 + \alpha_1\, Brokersize_{i,g,t} + \alpha_2\, Fexp_{i,g,t} \\
&+ \alpha_3\, Nind_{i,g,t} + \alpha_4\, AC_{i,t} + \beta_1\, Inst\_holding_{i,g,t} \\
&+ \beta_2\, INDEP_{i,g,t} + \beta_3\, Sharehold1_{i,g,t} \\
&+ \gamma_1\, Segment_{i,g,t} + \gamma_2\, Return\_std_{i,g,t} \\
&+ Othercontronls + \varepsilon
\end{aligned}
$$

在上述模型中，被解释变量为 ACF，本章中我们用三个变量来衡量它。第一个变量是 FCF，即证券分析师的盈余预测是否伴随着现金流预测，如果一年内该公司至少有一次现金流预测，则为 1，否则为 0。第二个变量是 *FCF_Freq*，即一年中证券分析师报告中出现现金流预测的次数。第三个变量是 *FCF_ratio*，即一年内证券分析师现金流预测的次数除以所有盈余预测的次数。因为本章主要研究证券分析师个人特征、公司治理状况、公司经营风险对证券分析师现金流预测行为的影响，所以主要的解释变量是与以上因素相关的变量。其中有关证券分析师个人特征的有以下三个变量：*Brokersize*，是某年跟踪一家公司的所有证券分析师所在券商机构平均规模，定义为券商机构拥有的证券分析师数量，并取对数；*Fexp*，是某年跟踪一家公司的所有证券分析师跟踪经验的平均值，并取对数；*Nind*，是某年跟踪一家公司的证券分析师所跟踪行业数量的平均值，并取对数。有关公司治理状况的有以下三个变量：*Inst_holding*，是机构投资者持股比例；*INDEP*，是独立董事比例；*Share-hold1*，是第一大股东持股比例。有关公司经营风险的有以下两个变量：*Segment*，是根据行业计算的分部数量，用于衡量公司业务的复杂程度；*Return_std*，是前一年股票回报的波动率，用于衡量公司经营的稳定程度。其他为控制变量，*AC* 为某一年跟踪某家公司的证券分析师人数，*ROA* 是公司的总资产收益率，*Debt* 是资产负债率，*CR* 是流动比率，*TURN* 是总资产周转率，*logMV* 是取对数的公司权益市值。这些变量的定义见表 4-1。

**表 4-1　变量定义**

| 变量 | 定义 |
| --- | --- |
| *FCF* | 一年内只要有一次现金流预测，则为 1，否则为 0 |
| *FCF_Freq* | 一年内证券分析师报告中出现现金流预测的次数，并取 log 值 |
| *FCF_ratio* | 一年内证券分析师出具的研究报告中现金流预测的次数除以所有盈余预测的次数 |
| *Brokersize* | 某年跟踪一家公司的所有证券分析师所在券商机构平均规模，并取 log 值 |

续表

| 变量 | 定义 |
|------|------|
| *Fexp* | 某年跟踪一家公司的所有证券分析师跟踪经验的平均值，并取 log 值 |
| *Nind* | 某年跟踪一家公司的所有证券分析师所跟踪行业数量的平均值，并取 log 值 |
| *AC* | 某年跟踪某家公司的证券分析师人数，并取 log 值 |
| *Inst_holding* | 机构投资者持股比例 |
| *INDEP* | 独立董事比例 |
| *Sharehold1* | 第一大股东持股比例 |
| *Segment* | 根据行业计算的分部数量，并取 log 值 |
| *Return_std* | 前一年股票回报的波动率 |
| *ROA* | 总资产收益率 |
| *Debt* | 资产负债率 |
| *CR* | 流动比率 |
| *TURN* | 总资产周转率 |
| log*MV* | 权益市值的 log 值 |

# 4.4 实证分析

## 4.4.1 样本筛选

本章以 2001—2012 年证券分析师跟踪并进行盈余预测的 2 441 家上市公司为最初样本。因为证券分析师会对未来几年的盈余进行预测，所以证券分析师对每个公司每年（"公司-年"）有 13 010 个观察值。由于同一公司可能有多个证券分析师在跟踪，并且证券分析师会在同一年对同一公司进行多次盈余预测，由此得到"公司-年-证券分析师预测日"观察值 106 362 个。在此基础上进行如下筛选：(1) 将证券分析师预测日限制在相邻的两个年报公布日之间；(2) 删除 B 股公司；(3) 删除金融保险业；(4) 删除相关变量的缺失值。

最终得到证券分析师对每个公司每年的预测观察值 8 487 个。本章所有数据来自 CSMAR 数据库，在此基础上，对所有连续变量上下 1‰的观察值进行了缩尾处理（winsorize）。具体样本筛选过程见表 4-2。

表 4-2　样本筛选

| 样本筛选过程 | 公司-年-证券分析师预测日 | 公司-年 | 公司 |
|---|---|---|---|
| 2001—2012 年所有证券分析师的预测 | 106 362 | 13 010 | 2 441 |
| 将证券分析师预测日限制在相邻的两个年报公布日之间 | 98 187 | 11 106 | 2 422 |
| 删除 B 股公司 | 96 599 | 10 991 | 2 402 |
| 删除金融保险业 | 93 031 | 10 776 | 2 368 |
| 删除相关变量的缺失值 | | 8 487 | 2 193 |

### 4.4.2　描述性统计

表 4-3 列示了各年证券分析师进行盈余预测和现金流预测的上市公司数量等。我国证券分析师从 2002 年开始对上市公司发布现金流预测信息，当年证券分析师对 40 家上市公司进行了盈余预测，但只对两家公司进行了现金流预测，占有盈余预测的公司数量的 5％。到 2012 年，证券分析师对 1 671 家上市公司进行盈余预测，但有现金流预测的公司达到 1 372 家，占 82.11％。可以看出，虽然我国证券分析师对越来越多的上市公司进行现金流预测，但并没有对所有进行盈余预测的上市公司发布现金流预测信息，因此研究哪些因素决定了证券分析师发布现金流预测信息的行为显得非常必要。

表 4-3　各年有/无现金流预测的公司（FCF）
数目占有盈余预测的公司数目的比例

| | 2001 年 | 2002 年 | 2003 年 | 2004 年 | 2005 年 | 2006 年 | 2007 年 |
|---|---|---|---|---|---|---|---|
| 无现金流预测 | 4 | 38 | 204 | 201 | 300 | 331 | 402 |
| | 100.00％ | 95.00％ | 90.27％ | 59.29％ | 69.44％ | 60.18％ | 56.86％ |

续表

|  | 2001 年 | 2002 年 | 2003 年 | 2004 年 | 2005 年 | 2006 年 | 2007 年 |
|---|---|---|---|---|---|---|---|
| 至少有一次现金流预测 | 0 | 2 | 22 | 138 | 132 | 219 | 305 |
|  | 0.00% | 5.00% | 9.73% | 40.71% | 30.56% | 39.82% | 43.14% |
| 合计 | 4 | 40 | 226 | 339 | 432 | 550 | 707 |

|  | 2008 年 | 2009 年 | 2010 年 | 2011 年 | 2012 年 | 合计 |
|---|---|---|---|---|---|---|
| 无现金流预测 | 320 | 361 | 242 | 360 | 299 | 3 062 |
|  | 38.46% | 39.98% | 20.03% | 22.86% | 17.89% |  |
| 至少有一次现金流预测 | 512 | 542 | 966 | 1 215 | 1 372 | 5 425 |
|  | 61.54% | 60.02% | 79.97% | 77.14% | 82.11% |  |
| 合计 | 832 | 903 | 1 208 | 1 575 | 1 671 | 8 487 |

与盈余预测相似，证券分析师在对上市公司发布现金流预测信息后，会依据最新获得的信息进行现金流预测修正，并且同一公司可能有多个证券分析师跟踪并发布现金流预测信息，这使得同一年针对同一公司的现金流预测不止一次。表 4-4 列示了各年证券分析师对上市公司发布现金流预测信息的次数情况等。2002 年，证券分析师对 40 家公司进行盈余预测，只对其中两家公司各发布一次现金流预测信息。但是之后证券分析师进行现金流预测的频率呈总体上升的态势，2004 年证券分析师进行盈余预测的公司有 339 家，有一次现金流预测的公司为 96 家，占 28.32%，有两次现金流预测的公司为 31 家，占 9.14%，有三次现金流预测的公司为 6 家，占 1.77%，有四次及以上现金流预测的公司为 5 家，占 1.47%。2012 年证券分析师进行盈余预测的 1 671 家公司中，有一次现金流预测的为 213 家，占 12.75%，有两次现金流预测的为 145 家，占 8.68%，有三次现金流预测的为 106 家，占 6.34%，有四次及以上现金流预测的为 908 家，占 54.34%。可以看出，证券分析师不仅对更多的上市公司发布现金流预测信息，并且对同一公司发布现金流预测信息的次数也在增加，表明证券分析师提供现金流预测信息的意愿在不

表 4 - 4　不同现金流预测次数的公司数目 (FCF_Freq) 及其比例

| FCF_Freq | 2001 年 | 2002 年 | 2003 年 | 2004 年 | 2005 年 | 2006 年 | 2007 年 | 2008 年 | 2009 年 | 2010 年 | 2011 年 | 2012 年 | 合计 |
|---|---|---|---|---|---|---|---|---|---|---|---|---|---|
| 0 | 4 | 38 | 204 | 201 | 300 | 331 | 402 | 320 | 361 | 242 | 360 | 299 | 3 062 |
|  | 100.00% | 95.00% | 90.27% | 59.29% | 69.44% | 60.18% | 56.86% | 38.46% | 39.98% | 20.03% | 22.86% | 17.89% |  |
| 1 | 0 | 2 | 20 | 96 | 93 | 108 | 136 | 136 | 173 | 164 | 206 | 213 | 1 347 |
|  | 0.00% | 5.00% | 8.85% | 28.32% | 21.53% | 19.64% | 19.24% | 16.35% | 19.16% | 13.58% | 13.08% | 12.75% |  |
| 2 | 0 | 0 | 2 | 31 | 24 | 63 | 77 | 70 | 105 | 130 | 156 | 145 | 803 |
|  | 0.00% | 0.00% | 0.88% | 9.14% | 5.56% | 11.45% | 10.89% | 8.41% | 11.63% | 10.76% | 9.90% | 8.68% |  |
| 3 | 0 | 0 | 0 | 6 | 12 | 25 | 35 | 50 | 78 | 92 | 102 | 106 | 506 |
|  | 0.00% | 0.00% | 0.00% | 1.77% | 2.78% | 4.55% | 4.95% | 6.01% | 8.64% | 7.62% | 6.48% | 6.34% |  |
| ≥4 | 0 | 0 | 0 | 5 | 3 | 23 | 57 | 256 | 186 | 580 | 751 | 908 | 2 769 |
|  | 0.00% | 0.00% | 0.00% | 1.47% | 0.69% | 4.18% | 8.06% | 30.77% | 20.60% | 48.01% | 47.68% | 54.34% |  |
| 合计 | 4 | 40 | 226 | 339 | 432 | 550 | 707 | 832 | 903 | 1 208 | 1 575 | 1 671 | 8 487 |

断增强。

图 4-1 列示了 2001—2012 年证券分析师进行现金流预测的上市公司数目占进行盈余预测的上市公司数目比例的趋势。可以看出，自从 2002 年证券分析师首次对上市公司发布现金流预测信息以来，有现金流预测的公司数目占有盈余预测的公司数目的比例呈总体上升的趋势。特别是 2004 年这一比例急速上升，虽然 2005 年有所下降，但是 2006 年又继续回升。从 2006 年到 2012 年间，这一比例增长了一倍多，最终达到 80% 以上。

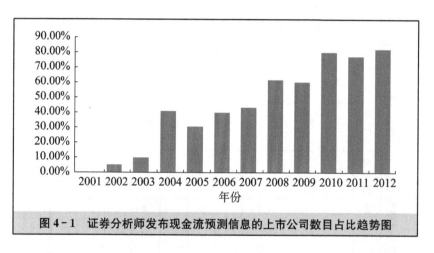

**图 4-1　证券分析师发布现金流预测信息的上市公司数目占比趋势图**

表 4-5 列示了各年证券分析师现金流预测次数占盈余预测次数的比例。总体来看，这一比例呈现上升趋势。2002 年，证券分析师现金流预测次数占盈余预测次数的比例为 3.8%，2004 年上升到 20%，2005—2009 年呈波动性上升趋势，从 2010 年起又逐步上升，2012 年证券分析师现金流预测次数占盈余预测次数的 41.8%。这说明越来越多的证券分析师盈余预测伴随着现金流预测。

**表 4-5　各年证券分析师现金流预测次数占盈余预测次数的比例（*FCF_ratio*）**

| 年份 | 公司数目 | 现金流预测次数/盈余预测次数 |
| --- | --- | --- |
| 2001 | 4 | 0.0% |
| 2002 | 40 | 3.8% |

续表

| 年份 | 公司数目 | 现金流预测次数/盈余预测次数 |
|------|----------|------------------------------|
| 2003 | 226 | 3.2% |
| 2004 | 339 | 20.0% |
| 2005 | 432 | 8.7% |
| 2006 | 550 | 12.5% |
| 2007 | 707 | 11.2% |
| 2008 | 832 | 17.4% |
| 2009 | 903 | 14.7% |
| 2010 | 1 208 | 31.6% |
| 2011 | 1 575 | 33.2% |
| 2012 | 1 671 | 41.8% |

表 4-6 列示了相关变量的描述性统计结果。$FCF$ 是哑变量，如果当年有证券分析师对某家公司进行过现金流预测，则取值为 1，否则为 0。其均值为 0.639，意味着平均而言每年有 63.9％的公司有证券分析师进行过至少一次现金流预测。$FCF\_Freq$ 是一年内证券分析师对一家公司发布现金流预测信息的次数，其均值为 4.26 次，最大值为 78 次，标准差为 7.106，可以看出我国证券分析师发布现金流预测信息的上市公司相对集中。$FCF\_ratio$ 均值为 0.252，意味着平均每年证券分析师现金流预测次数占盈余预测次数的比例为 25.2％。$Brokersize$ 是跟踪一家公司的证券分析师所在券商机构的平均规模，用券商机构拥有的证券分析师人数来衡量。平均而言，这些券商机构拥有证券分析师 28.594 人，最少有 1 人，最多有 88 人，标准差为 9.191，可以看出发布现金流预测信息的证券分析师所在券商机构规模相对较大。发布现金流预测信息的证券分析师跟踪某一公司的经验（$Fexp$）平均为 0.483 年，最长为 7 年。这些证券分析师跟踪的行业数量（$Nind$）平均为 2.946 个，最多跟踪 13 个行业，最少跟踪 1 个行业。每年跟踪同一家上市公司的证券分析师人数（$AC$）平均为 7.384 人，最多有 45 人同时跟踪同一家上市公司，

表4-6　各相关变量的描述性统计

| 变量 | 观测值 | 均值 | 标准差 | 最小值 | 第25百分位数 | 中位数 | 第75百分位数 | 最大值 |
|---|---|---|---|---|---|---|---|---|
| FCF | 8 487 | 0.639 | 0.480 | 0.000 | 0.000 | 1.000 | 1.000 | 1.000 |
| FCF_Freq | 8 487 | 4.260 | 7.106 | 0.000 | 0.000 | 1.000 | 5.000 | 78.000 |
| FCF_ratio | 8 487 | 0.252 | 0.268 | 0.000 | 0.000 | 0.200 | 0.417 | 1.000 |
| Brokersize（原始值） | 8 487 | 28.594 | 9.191 | 1.000 | 24.000 | 28.611 | 33.083 | 88.000 |
| Fexp（原始值） | 8 487 | 0.483 | 0.672 | 0.000 | 0.000 | 0.250 | 0.750 | 7.000 |
| Nind（原始值） | 8 487 | 2.946 | 1.044 | 1.000 | 2.182 | 2.704 | 3.656 | 13.000 |
| AC（原始值） | 8 487 | 7.384 | 7.155 | 1.000 | 2.000 | 5.000 | 11.000 | 45.000 |
| Inst_holding | 8 487 | 0.291 | 0.236 | 0.001 | 0.080 | 0.242 | 0.471 | 0.866 |
| INDEP | 8 487 | 0.357 | 0.059 | 0.000 | 0.333 | 0.333 | 0.375 | 0.800 |
| Shareholdl | 8 487 | 0.394 62 | 0.161 44 | 0.036 2 | 0.264 | 0.384 | 0.511 | 1.000 |
| Segment（原始值） | 8 487 | 2.469 | 1.762 | 1.000 | 1.000 | 2.000 | 3.000 | 14.000 |
| Return_std | 8 487 | 0.040 | 0.034 | 0.015 | 0.025 | 0.031 | 0.041 | 0.214 |
| ROA | 8 487 | 0.057 | 0.046 | -0.108 | 0.030 | 0.052 | 0.080 | 0.218 |
| Debt | 8 487 | 0.433 | 0.206 | 0.042 | 0.273 | 0.439 | 0.595 | 0.872 |
| CR | 8 487 | 2.718 | 3.626 | 0.241 | 1.033 | 1.505 | 2.611 | 22.827 |
| TURN | 8 487 | 0.705 | 0.484 | 0.094 | 0.379 | 0.585 | 0.880 | 2.630 |
| logMV | 8 487 | 22.119 | 1.048 | 19.026 | 21.399 | 21.987 | 22.697 | 29.243 |

最少有 1 人。在证券分析师发布现金流预测信息的上市公司中，机构投资者持股比例（$Inst\_holding$）平均为 29.1%，最高为 86.6%，最低为 0.1%。独立董事比例（$INDEP$）平均为 35.7%，最高为 80.0%，最低为 0.0%。第一大股东持股比例（$Sharehold1$）平均为 39.462%，最低为 3.62%，最高为 100%。依据行业计算的分部数量（$Segment$）平均为 2.469 个，最少 1 个，最多 14 个。前一年上市公司股票回报的波动率（$Return\_std$）平均为 4%，最小为 1.5%，最大为 21.4%。公司的总资产收益率（$ROA$）均值为 0.057，最小值为 −0.108，最大值为 0.218。资产负债率（$Debt$）均值为 0.433，最小值为 0.042，最大值为 0.872。流动比率（$CR$）均值为 2.718，最小值为 0.241，最大值为 22.827。总资产周转率（$TURN$）均值为 0.705，最小值为 0.094，最大值为 2.630。权益市值的对数值（$\log MV$）均值为 22.119，最小值为 19.026，最大值为 29.243。

　　表 4-7 对有/无现金流预测的证券分析师特征和公司治理状况、经营风险进行了对比。可以看出，与不进行现金流预测的证券分析师相比，进行现金流预测的证券分析师具有以下特点：所在券商机构规模更大，跟踪的经验更为丰富，所跟踪的行业数量更多。与没有证券分析师现金流预测的上市公司相比，有证券分析师现金流预测的上市公司具有以下特点：（1）从上市公司治理状况看，其独立董事比例更高，机构投资者持股比例更高；（2）从上市公司经营风险看，其行业分部数量更少，流动比率更高，资产负债率更低，公司的权益市值更大，总资产收益率更高，总资产周转率更高。

表 4-7　有/无现金流预测的证券分析师特征和公司治理状况、经营风险对比

| 变量 | FCF | 观测值 | 均值 | 中位数 | $t$ 值 | $Z$ 值 |
|---|---|---|---|---|---|---|
| *Brokersize* | 0 | 3 062 | 26.826 9 | 25.500 0 | −11.50*** | −18.45*** |
| | 1 | 5 425 | 29.590 6 | 29.400 0 | | |
| *Fexp* | 0 | 3 062 | 0.270 2 | 0.000 0 | −22.96*** | −34.75*** |
| | 1 | 5 425 | 0.602 4 | 0.423 1 | | |

续表

| 变量 | FCF | 观测值 | 均值 | 中位数 | t 值 | Z 值 |
|---|---|---|---|---|---|---|
| Nind | 0 | 3 062 | 2.581 0 | 2.293 9 | −23.71*** | −31.68*** |
| | 1 | 5 425 | 3.151 8 | 3.160 5 | | |
| Sharehold1 | 0 | 3 062 | 0.396 972 | 0.382 150 | 1.00 | 0.73 |
| | 1 | 5 425 | 0.393 296 | 0.384 800 | | |
| INDEP | 0 | 3 062 | 0.346 7 | 0.333 3 | −11.44*** | −9.20*** |
| | 1 | 5 425 | 0.362 6 | 0.333 3 | | |
| Inst _ holding | 0 | 3 062 | 0.190 5 | 0.128 3 | −33.06*** | −30.38*** |
| | 1 | 5 425 | 0.347 0 | 0.323 5 | | |
| Segment | 0 | 3 062 | 2.638 1 | 2.000 0 | 6.59*** | 8.17*** |
| | 1 | 5 425 | 2.373 5 | 2.000 0 | | |
| AC | 0 | 3 062 | 3.108 4 | 2.000 0 | −56.52*** | −48.15*** |
| | 1 | 5 425 | 9.797 1 | 8.000 0 | | |
| CR | 0 | 3 062 | 2.047 0 | 1.355 1 | −14.62*** | −13.11*** |
| | 1 | 5 425 | 3.096 4 | 1.634 9 | | |
| Debt | 0 | 3 062 | 0.463 2 | 0.472 2 | 10.44*** | 9.80*** |
| | 1 | 5 425 | 0.416 0 | 0.420 3 | | |
| logMV | 0 | 3 062 | 21.681 1 | 21.595 6 | −32.08*** | −29.77*** |
| | 1 | 5 425 | 22.365 5 | 22.232 7 | | |
| Return _ std | 0 | 3 062 | 0.040 9 | 0.030 7 | 1.16 | −2.47** |
| | 1 | 5 425 | 0.040 0 | 0.031 3 | | |
| ROA | 0 | 3 062 | 0.044 0 | 0.041 0 | −20.72*** | −21.47*** |
| | 1 | 5 425 | 0.064 8 | 0.058 4 | | |
| TURN | 0 | 3 062 | 0.682 0 | 0.564 6 | −3.29*** | −4.31*** |
| | 1 | 5 425 | 0.717 9 | 0.596 4 | | |

注：***、** 分别表示在1%、5%的水平上显著。

### 4.4.3 证券分析师个人特征、公司治理状况、公司经营风险与现金流预测

表4-8列示了主要变量的相关关系。可以看出，券商机构规模、证券分析师跟踪经验、证券分析师跟踪行业数量、跟踪上市公司的证券分析师人数、机构投资者持股比例、独立董事比例、总资

表 4 - 8　相关变量矩阵

| | FCF | FCF_Freq | FCF_ratio | Brokersize | Fexp | Nind | AC | Inst_holding | INDEP | Shareholdl | Segment | Return_std |
|---|---|---|---|---|---|---|---|---|---|---|---|---|
| FCF | | 0.45*** | 0.708*** | 0.235*** | 0.302*** | 0.31*** | 0.523*** | 0.319*** | 0.131*** | -0.011 | -0.084*** | -0.013 |
| FCF_Freq | 0.854*** | | 0.427*** | 0.139*** | 0.391*** | 0.312*** | 0.565*** | 0.394*** | 0.101*** | -0.003 | -0.064*** | -0.096*** |
| FCF_ratio | 0.852*** | 0.816*** | | 0.167*** | 0.2*** | 0.362*** | 0.261*** | 0.197*** | 0.107*** | -0.049*** | -0.06*** | -0.078*** |
| Brokersize | 0.2*** | 0.218*** | 0.198*** | | 0.228*** | 0.174*** | 0.225*** | 0.149*** | 0.139*** | -0.047*** | -0.019* | 0.07*** |
| Fexp | 0.377*** | 0.497*** | 0.31*** | 0.235*** | | 0.238*** | 0.441*** | 0.464*** | 0.1* | 0.004 | 0.035*** | -0.178*** |
| Nind | 0.344*** | 0.424*** | 0.424*** | 0.182*** | 0.264*** | | 0.36*** | 0.246*** | 0.193*** | -0.093*** | -0.098*** | -0.09*** |
| AC | 0.523*** | 0.673*** | 0.401*** | 0.19*** | 0.504*** | 0.413*** | | 0.401*** | 0.133*** | 0.024** | -0.132** | 0.082*** |
| Inst_holding | 0.33*** | 0.431*** | 0.275*** | 0.138*** | 0.484*** | 0.27*** | 0.398*** | | 0.084*** | 0.053*** | 0.039*** | -0.188*** |
| INDEP | 0.1*** | 0.106*** | 0.097*** | 0.107*** | 0.088*** | 0.169*** | 0.106*** | 0.06*** | | -0.013 | -0.01 | 0.038*** |
| Shareholdl | -0.008 | -0.007 | -0.037*** | -0.054*** | 0.01 | -0.094*** | 0.027 | 0.024** | -0.014 | | -0.043*** | -0.004 |
| Segment | -0.089*** | -0.096*** | -0.081*** | -0.011 | 0.022** | -0.11*** | -0.141*** | 0.042*** | -0.031*** | -0.048*** | | -0.097*** |
| Return_std | 0.027** | -0.029*** | -0.063*** | 0.159*** | -0.134*** | -0.099*** | 0.07*** | -0.136*** | 0.074*** | -0.082*** | -0.076*** | |

续表

| | FCF | FCF_Freq | FCF_ratio | ROA | Debt | CR | TURN | logMV |
|---|---|---|---|---|---|---|---|---|
| FCF | | 0.45*** | 0.708*** | 0.216*** | -0.11*** | 0.139*** | 0.036*** | 0.314*** |
| FCF_Freq | 0.854*** | | 0.427*** | 0.265*** | -0.088*** | 0.109*** | 0.051*** | 0.406*** |
| FCF_ratio | 0.852*** | 0.816*** | | 0.088*** | -0.09*** | 0.122*** | -0.01 | 0.14*** |
| ROA | 0.233*** | 0.299*** | 0.164*** | | -0.435*** | 0.219*** | 0.112*** | 0.256*** |
| Debt | -0.106*** | -0.119*** | -0.108*** | -0.492*** | | -0.634*** | 0.21*** | 0.086*** |
| CR | 0.142** | 0.161*** | 0.159*** | 0.405*** | -0.753*** | | -0.22*** | -0.057*** |
| TURN | 0.047*** | 0.061*** | 0.024** | 0.135*** | 0.183*** | -0.164*** | | 0.035*** |
| logMV | 0.323*** | 0.433*** | 0.244*** | 0.231*** | 0.08*** | -0.049*** | 0.001 | |

注：***，** 分别表示在1%、5%的水平上显著。

产收益率、流动比率、上市公司权益市值均与因变量 *FCF*、
*FCF _ Freq*、*FCF _ ratio* 显著正相关，初步表明它们对证券分析师
的现金流预测行为有显著的正向影响。按行业计算的分部数量、资
产负债率均与因变量 *FCF*、*FCF _ Freq*、*FCF _ ratio* 显著负相关，
说明这两个因素对证券分析师的现金流预测行为具有显著的负向影
响。第一大股东持股比例与因变量 *FCF*、*FCF _ Freq*、*FCF _ ratio*
负相关，但对 *FCF*、*FCF _ Freq* 的影响不显著。不过这只是单变量
相关关系，它们间的关系究竟如何，需要在控制其他因素后进一步
进行回归分析。

表4-9列示了各主要变量对证券分析师现金流预测行为的影
响。可以看出，发布现金流预测信息的证券分析师所在券商机构的
规模、证券分析师跟踪上市公司的经验、证券分析师跟踪的行业数
量对因变量 *FCF*、*FCF _ Freq*、*FCF _ ratio* 的影响均显著为正，说
明在这些方面占优势的证券分析师更愿意发布现金流预测信息。证
券分析师所在券商机构的规模越大、跟踪上市公司的经验越丰富、
跟踪的行业数量越多，说明证券分析师实力越强，这样的证券分析
师越愿意发布现金流预测信息。这支持了本章的第一个研究假设。

**表4-9　证券分析师个人特征、公司治理状况、公司经营风险与现金流预测**

|  | *FCF* | *FCF _ Freq* | *FCF _ ratio* |
|---|---|---|---|
| *Brokersize* | 0.749 7*** | 0.126 0** | 0.059 3** |
|  | (8.92) | (2.17) | (2.43) |
| *Fexp* | 0.205 5** | 0.176 8*** | 0.030 4** |
|  | (2.03) | (3.31) | (1.97) |
| *Nind* | 0.888 7*** | 0.474 2*** | 0.279 0*** |
|  | (7.18) | (3.83) | (7.39) |
| *AC* | 0.916 5*** | 0.446 2*** | 0.020 8*** |
|  | (23.97) | (7.03) | (2.62) |
| *Inst _ holding* | 1.234 4*** | 0.522 3*** | 0.066 9*** |
|  | (7.75) | (9.84) | (4.39) |

续表

|  | FCF | FCF_Freq | FCF_ratio |
|---|---|---|---|
| INDEP | 1.847 6*** | 0.293 9** | 0.097 3 |
|  | (3.80) | (2.25) | (1.57) |
| Sharehold1 | −0.005 6*** | −0.003 1*** | −0.000 5*** |
|  | (−2.93) | (−5.55) | (−3.35) |
| Segment | −0.166 7** | −0.068 7*** | −0.008 4 |
|  | (−2.41) | (−4.32) | (−1.20) |
| Return_std | −3.813 9*** | −2.361 7*** | −0.492 5*** |
|  | (−4.56) | (−3.25) | (−2.77) |
| ROA | 2.481 8*** | 1.202 2** | 0.016 3 |
|  | (2.74) | (2.56) | (0.21) |
| Debt | 0.008 1 | −0.022 3 | −0.024 5 |
|  | (0.04) | (−0.28) | (−0.76) |
| CR | 0.024 3* | 0.007 7*** | 0.001 7** |
|  | (1.78) | (3.22) | (2.17) |
| TURN | 0.030 4 | −0.001 8 | −0.005 6 |
|  | (0.41) | (−0.10) | (−0.99) |
| logMV | 0.277 3*** | 0.135 6*** | 0.005 3 |
|  | (7.11) | (7.72) | (0.67) |
| Industry Effects | 是 | 是 | 是 |
| Constant | −10.661 8*** | −3.687 5*** | −0.455 1*** |
|  | (−11.65) | (−8.05) | (−2.60) |
| Obs. | 8 487 | 8 487 | 8 487 |
| Adj.$R^2$ | 0.285 | 0.538 | 0.172 |

注：括号内为回归系数的 $t$ 值，结果均在"公司-年"中进行了聚类调整；***、**、*分别表示在1%、5%、10%的水平上显著。

表4-9还显示，跟踪一家上市公司的证券分析师数量、该上市公司的机构投资者持股比例和独立董事比例对 FCF、FCF_Freq、FCF_ratio 的影响也显著为正，第一大股东持股比例对 FCF、FCF_Freq、FCF_ratio 的影响显著为负，说明证券分析师更愿意就跟踪的证券分析师人数多、机构投资者持股比例高、独立董事比

例高、第一大股东持股比例低的公司发布现金流预测信息。而以上几个变量正好反映了公司的内外部治理环境，说明上市公司内外部治理环境越好，证券分析师越愿意发布现金流预测信息。这一结论支持了本章的第二个研究假设。

从表 4 - 9 还可以看出，根据行业计算的分部数量、上一年公司股票回报的波动率对 $FCF$、$FCF\_Freq$、$FCF\_ratio$ 的影响显著为负，说明上市公司经营所涉及的行业越多、股票回报率波动越大，证券分析师越不愿意就该上市公司发布现金流预测信息。而以上两个指标均反映了公司的经营风险，说明上市公司的经营风险越大，证券分析师越不愿意进行现金流预测。这一结果支持了本章的第三个研究假设。

### 4.4.4　稳健性检验

为增加结果的可靠性，我们对一些指标进行了稳健性检验，将反映公司外部信息环境的证券分析师跟踪人数（$AC$）更换为市场化指数（$MI$），市场化指数来源于樊纲、王小鲁、张立文、朱恒鹏（2003）的研究[①]。结果列示在表 4 - 10 中，没有明显变化。

表 4 - 10　稳健性检验

|  | $FCF$ | $FCF\_Freq$ | $FCF\_ratio$ |
|---|---|---|---|
| *Brokersize* | 0.805 8*** | 0.178 7** | 0.060 3** |
|  | (9.73) | (2.00) | (2.30) |
| *Fexp* | 0.807 2*** | 0.463 9*** | 0.043 5** |
|  | (7.10) | (7.21) | (2.39) |
| *Nind* | 1.373 1*** | 0.763 7*** | 0.289 3*** |
|  | (9.88) | (6.50) | (7.79) |
| *MI* | 0.057 8*** | 0.025 6*** | 0.003 5** |
|  | (3.47) | (3.73) | (2.05) |

---

① 樊纲市场化指数在后续几年一直在更新，我们搜集了更新后的数据。

续表

|  | FCF | FCF_Freq | FCF_ratio |
|---|---|---|---|
| *Inst_holding* | 1.658 4*** | 0.786 1*** | 0.079 0*** |
|  | (10.26) | (7.65) | (4.72) |
| *INDEP* | 1.934 1*** | 0.428 9** | 0.098 6 |
|  | (3.87) | (2.04) | (1.61) |
| *Sharehold1* | −0.006 7*** | −0.004 2*** | −0.000 5*** |
|  | (−3.28) | (−4.36) | (−4.04) |
| *Segment* | −0.306 4*** | −0.161 3*** | −0.012 9* |
|  | (−4.31) | (−4.73) | (−1.93) |
| *Return_std* | 0.082 5 | −0.654 9 | −0.420 0** |
|  | (0.10) | (−1.05) | (−2.57) |
| *ROA* | 5.980 1*** | 2.794 2*** | 0.090 1 |
|  | (6.45) | (3.38) | (1.11) |
| *Debt* | 0.001 5 | −0.056 2 | −0.022 6 |
|  | (0.01) | (−0.51) | (−0.66) |
| *CR* | 0.062 9*** | 0.024 9*** | 0.002 5*** |
|  | (4.21) | (8.07) | (2.83) |
| *TURN* | 0.039 9 | 0.012 1 | −0.006 0 |
|  | (0.50) | (0.39) | (−1.03) |
| log*MV* | 0.479 0*** | 0.256 8*** | 0.010 7* |
|  | (12.54) | (8.62) | (1.74) |
| *Industry Effects* | 是 | 是 | 是 |
| Constant | −15.644 5*** | −6.672 2*** | −0.595 4*** |
|  | (−17.57) | (−9.03) | (−3.98) |
| Obs. | 8 487 | 8 487 | 8 487 |
| *Adj. R²* | 0.224 | 0.434 | 0.170 |

注：括号内为回归系数的 *t* 值，结果均在"公司-年"中进行了聚类调整；***、**、*分别表示在1%、5%、10%的水平上显著。

# 4.5 本章小结

本章以2001—2012年A股上市公司为样本，从信息供给的角度研究了我国资本市场上证券分析师进行现金流预测的动因。出于建立和维护声誉的目的，证券分析师有发布现金流预测信息的内在激励，因为声誉是证券分析师的无形资产，是他们在业内站稳脚跟、获取更高报酬的基础（胡奕明和金洪飞，2006）。但是证券分析师同时会考虑这一行为的成本和风险，如果预测难度大、成本高，使得证券分析师的边际收益小于边际成本，那么他们会选择放弃。本章的研究发现证券分析师进行现金流预测的行为符合成本-收益原则，那些就职于大规模券商机构、从业经验丰富、跟踪行业相对较多的证券分析师更愿意进行现金流预测；所跟踪公司的治理状况越好，证券分析师越愿意进行现金流预测；公司的经营风险越小，证券分析师越愿意进行现金流预测。这说明我国证券分析师是出于自身利益而非从投资者的信息需求角度去考虑是否发布现金流预测信息，因此流行的信息需求假设不能解释我国资本市场上的证券分析师现金流预测行为。本章提供了我国特殊的资本市场和证券分析师市场背景下证券分析师现金流预测行为的研究证据，补充了这方面的文献，有助于我们深入分析和理解证券分析师的决策过程和行为，有助于投资者有效利用证券分析师的研究报告进行投资决策。

# 第 5 章　证券分析师现金流预测对盈余预测准确度的影响

## 5.1　引　言

证券分析师利用自身的信息和专业优势，为投资者提供能够反映公司内在价值的信息，成为投资者和上市公司间的信息中介，他们的存在减少了投资者与上市公司间的信息不对称，提高了资本市场的运行效率。随着证券分析师行业的发展，上市公司和投资者都越来越重视证券分析师报告，对证券分析师盈余预测质量的期望也越来越高。然而，最近几年"研报门"频发，导致人们不断质疑证券分析师的专业胜任能力及其报告的客观性。这些质疑意味着投资者对证券分析师报告的依赖程度增加。因此了解哪些因素影响证券分析师的盈余预测质量成为一个重要的问题，这有助于投资者更好地使用证券分析师所提供的

信息。与以往关注证券分析师使用哪些公开信息进行预测的研究
（Behn et al.，2008；Burgstahler and Eames，2003；Payne，2008；
Robertson，1988）不同，本章试图讨论证券分析师在预测过程中的
哪些行为会影响他们的盈余预测质量。

　　具体而言，本章讨论证券分析师在盈余预测过程中进行的现金
流预测是否会影响盈余预测质量。之所以关注这一问题，是因为随
着证券行业的发展，证券分析师行业内部竞争加剧，出于对职业发
展和声誉的考虑，证券分析师会主动向投资者供给多样的预测信息，
现金流预测信息则是其中一个重要的内容。证券分析师的现金流预
测作为一个重要信息被越来越普遍地提供给投资者。但是发布现金
流预测信息依然是部分证券分析师对部分上市公司的选择性行为，
这恰好为我们提供了机会，可以从信息供给的角度研究那些进行了
现金流预测的证券分析师，看其盈余预测质量是否更高。

　　本章主要考察以下问题：第一，相对于没有现金流预测的盈余
预测，有证券分析师现金流预测的盈余预测质量是否更高？第二，
证券分析师以往进行的现金流预测次数多少是否也会影响盈余预测
质量？我们认为，证券分析师进行现金流预测之所以会对他们的盈
余预测质量有影响，主要是因为两个方面：第一，证券分析师在进
行现金流预测时需要对公司以往财务报告的构成、非盈余信息的规
律进行详细调查和分析，而不是仅仅依赖于应计制原则找到盈余发
生的规律，这将有助于证券分析师基于更多的信息预测未来盈余。
第二，证券分析师现金流预测提供了能够反映公司未来现金流的信
息，能够有效约束管理层对应计利润的操纵行为，提高会计报告质
量。这有助于证券分析师在未来基于更可靠的信息做出盈余预测，
从而提高盈余预测质量。本章的实证结果支持了上述研究预期，结
果表明，有证券分析师现金流预测或者以往证券分析师现金流预测
较频繁的公司盈余预测质量更高。

　　本研究有以下重要贡献：第一，补充了以前的研究成果。有关
证券分析师现金流预测行为影响的研究较少（如 Call et al.，2009），

本章提供了中国制度背景下的经验证据。第二，具有重要的实践价值。我国证券分析师行业发展到现阶段，投资者和上市公司都非常关注证券分析师所起的作用，而其预测质量又是关注的重点。本章提供了经验证据来说明证券分析师现金流预测行为是否影响其盈余预测质量，这能够帮助投资者有效利用证券分析师报告，同时也在一定程度上约束上市公司的盈余操纵行为。本章后面的内容分别为研究假设、研究模型与变量定义、实证分析、研究结论。

## 5.2　研究假设

本章试图提供证券分析师现金流预测对盈余预测准确度影响的发展中国家经验证据，以拓展证券分析师现金流预测经济结果方面的研究成果。证券分析师在对公司进行跟踪预测的过程中，主要进行盈余预测、价值评估和提出荐股意见为投资者提供信息服务，而盈余预测是证券分析师最主要的工作。随着证券市场的发展和完善，投资者的更多参与，他们对证券分析师提供的盈余预测报告依赖程度加深。相对于财务报告，盈余预测信息与公司未来的盈利能力有关，是证券分析师利用自身的信息和专业优势，对公司过去的财务、非财务等公开信息、私有信息进行加工、整理的结果，对于投资者决策具有重要的参考价值。随着证券分析师从业人数的增加，相应的行业监管制度也在不断发展和完善，旨在保证证券分析师的盈余预测质量。近几年"研报门""股市黑嘴"等负面新闻严重影响了证券分析师的行业声誉，损害了投资者对证券分析师的信心。因此，弄清哪些因素影响证券分析师的盈余预测质量成为一个迫切需要解决的问题，这至少能为投资者提供一些思路，帮助他们在利用证券分析师盈余预测信息进行决策时做出取舍。

以往很多文献研究了影响证券分析师盈余预测质量的因素，主要集中于研究证券分析师依赖于哪些信息进行预测以及这些信息是否影响盈余预测质量。早期的研究关注证券分析师预测准确度是否与会计数字信息的使用有关，如 Pankoff and Virgil（1970）、McEwen and Hunton（1999）、Vergoossen（1993）。后续的研究开始对财务报告的具体构成、质量等方面加以关注，如考察分部报告的内容是否影响证券分析师盈余预测（Baldwin，1984）；盈余管理或盈余质量、审计质量和专业化是否影响证券分析师盈余预测（Behn et al.，2008；Burgstahler and Eames，2003；Robertson，1988；Yu，2008；李丹和贾宁，2009）；公司管理层的盈余预测是否影响证券分析师的盈余预测（Libby et al.，2006；王玉涛和王彦超，2012）；等等。另外一些学者考察整体信息环境是否影响证券分析师盈余预测质量，包括公司治理透明度（Bhat et al.，2006）、会计信息披露水平（Hope，2003a，2003b；白晓宇，2009；方军雄，2007）对证券分析师盈余预测行为的影响。Hope（2003a）检验了各国会计政策披露水平与证券分析师预测准确度和分歧度的关系，发现会计政策披露水平越高，预测误差越小，预测分歧度越低；Hope（2003b）进一步发现，除了会计披露政策外，会计准则的实际执行力度和效果也会影响证券分析师预测准确度；Bhat et al.（2006）在 Hope（2003a，2003b）研究财务透明度的基础上发现公司治理透明度也影响证券分析师预测准确度。

上述研究主要讨论证券分析师所利用的公开信息内容和质量以及信息环境对盈余预测质量的影响，但是关于证券分析师具体行为对盈余预测质量影响的研究较少，这是因为证券分析师的行为是难以观察到的。一些研究者从证券分析师所处的地理位置来考察证券分析师获取私有信息的行为，因为地理距离近有利于证券分析师的调研，如 Malloy（2005）、Bae et al.（2008）和王玉涛等（2010）研究发现，地理位置上邻近的证券分析师比其他证券分析师预测准确度更高，说明在地理位置上邻近使证券分析师拥有获得更多的私有信息的优势。证券分析师获取和加工信息的行为可能对最终的盈余预测质量产生影响，这也是值得进行研究的重要方面。笔者认为，证券分析师进行现金流预测需要投入更多的时间和精力来搜集更多的信息，需要更细致地理解财务报表的内容和内在勾稽关系，这会对证券分析师盈余预测质量产生正面影响。

本章从两个方面讨论证券分析师现金流预测行为对盈余预测质量的影响，一个是短期效应，另一个是长期效应。短期效应是指证券分析师进行现金流预测对当期盈余预测质量的影响。证券分析师进行现金流预测时，并不能完全依赖于应计制会计下的规律。盈余由收入和费用构成，在应计制下，证券分析师利用应计和递延原则，能确定相应的收入增长规律、费用发生规律，并不需要完全理解可能的现金流变化，即可对未来盈余进行预测。实际上，现金流的发生和变化难有规律可循，证券分析师进行现金流预测时，需要投入更多的时间和精力去搜集、加工整理更多的信息。证券分析师进行现金流预测时应更好地理解财务报表各个方面的内容和信息，从而更好地进行盈余预测。Call et al.（2009）的研究发现，证券分析师在进行现金流预测时，会全面地分析公司的财务报表，并花更多精力以求更好地理解公司的收入构成。而根据 Hirshleifer and Teoh（2003）的理论，如果将预测的重心放在盈余总值而不是各组成部分，盈余预测的准确度相对较低。因此，如果证券分析师在进行盈余预测时也伴随着现金流预测，那么基于更多信息的盈余预测准确度应该更高。

证券分析师现金流预测对盈余预测质量的长期效应是指现金流预测可能对管理层的盈余操纵行为产生约束，促使公司提供更高质量的财务报告信息，从而有助于证券分析师做出盈余预测。McInnis and Collins（2011）在研究现金流预测对应计质量的影响时发现，现金流预测增加了应计项目的透明度，提高了管理层通过应计项目操控盈余的成本。在证券分析师发布现金流预测后，公司的异常应计有了大幅度下降。因此，证券分析师提供现金流预测能够对管理层盈余操纵行为产生有效约束，它提高了应计项目报告的质量。既然证券分析师现金流预测能够抑制管理层的盈余管理行为，而管理层盈余管理程度高时，证券分析师盈余预测准确度会下降（Brad-shaw，Richardson and Sloan，2001；Teoh and Wong，2002），那么可以合理预期，证券分析师进行现金流预测可以提高盈余预测的准确度。

综合以上分析，证券分析师进行现金流预测具有短期和长期效应，都有助于盈余预测质量的提高，由此，我们提出本章的研究假设：相对于没有进行过现金流预测的公司，有现金流预测的公司盈余预测质量更高。

## 5.3 研究模型与变量定义

为检验以上假设，本章构建以下模型：

$$AFE_{i,g,t} = \beta_0 + \beta_1 FCF_{i,g,t} + \gamma_1 FH_{i,g,t} + \gamma_2 Fexp_{i,g,t}$$
$$+ \gamma_3 Bsize_{i,g,t} + \gamma_4 AC_{i,t} + \gamma_5 Size_{i,t} + \varepsilon$$

在上述模型中，被解释变量为 $AFE$，是单个证券分析师预测盈余与实际盈余之差的绝对值除以上一年年底的总市值，并在现金流预测组和非现金流预测组内求均值[①]，为方便解释，取负数，该值越大，说明证券分析师预测准确度越高。在模型中，主要的解释变量为 $FCF$，即证券分析师的盈余预测是否伴随现金流预测，如果有则为 1，否则为 0。同时，在研究假设中，我们认为现金流预测对盈余预测的影响可能存在长期效应，因此生成另外一个变量 $FCF\_Freq$ 来衡量现金流预测次数对盈余预测质量的影响。变量 $FCF\_Freq$ 被定义为某个证券分析师某次盈余预测之前（包括当次）的预测中有现金流预测的次数，并在现金流预测组和非现金流预测组内求均值。根据以前的研究（Bae et al.，2008；Gu and Xue，2008），我们控制

① 在后面的分析中，使用了百分数列示。

了几个影响盈余预测质量的变量——$FH$、$Fexp$ 和 $Bsize$，这三个变量都在现金流预测组和非现金流预测组内求均值。$FH$ 指证券分析师盈余预测发布日至接下来公司年报公布日之间的天数；$Fexp$ 指证券分析师跟踪某一家公司的经验，定义为该证券分析师对该公司发布第一次盈余预测到最近预测发布日的年数；$Bsize$ 为证券分析师所在券商机构规模，定义为该券商机构拥有的证券分析师数量。$AC$ 和 $Size$ 是另外的控制变量，$AC$ 为某一年跟踪某公司的证券分析师人数，$Size$ 指上市公司规模，为上一年年底总市值的对数。这些变量的定义可总结为表 5-1。

表 5-1　变量定义

| 变量 | 定义 |
| --- | --- |
| $AFE$ | 实际营业利润减预测净利润的绝对值除以上一年年底的总市值，乘以-100，并计算均值 |
| $FCF$ | 如果进行盈余预测时有现金流预测，则定义为1，否则为0 |
| $FCF\_Freq$ | 证券分析师以往盈余预测（包括当次）中存在现金流预测的次数 |
| $FH$ | 证券分析师盈余预测发布日到公司年报公布日的天数 |
| $Fexp$ | 证券分析师跟踪某一家公司的经验 |
| $Bsize$ | 证券分析师所在券商机构的规模，以拥有的证券分析师数量为计算基础 |
| $AC$ | 某一年跟踪某公司的证券分析师人数 |
| $Size$ | 上市公司上一年年底总市值的对数 |

# 5.4　实证分析

## 5.4.1　样本筛选

本章以 2001—2012 年有证券分析师跟踪并进行盈余预测的 2 441 家上市公司为最初样本。2001—2012 年涉及的"公司-年"总数为 13 010 个。由于同一公司可能有多个证券分析师跟踪，因此"公司-年-证券分析师"总数为 141 262 个。证券分析师会对公司盈余预测进行修正，也就是他们会进行多次预测，因此"公司-年-证券分析师-预测"总数为 356 016 个。在此基础上进行如下筛选：（1）将证券分析师预测日限制在相邻的两个年报公布日之间；（2）删除盈余预测缺失的观察值；（3）删除 B 股公司；（4）删除金融保险业；（5）保留每个证券分析师最近的一次预测；（6）分现金流预测组和非现金流预测组；（7）删除缺失值。具体过程见表 5 - 2。

表 5 - 2　样本筛选

| 样本筛选过程 | 公司-年-证券分析师-预测 | 公司-年-证券分析师 | 公司-年 | 公司 |
|---|---|---|---|---|
| 2001—2012 年所有证券分析师的预测 | 356 016 | 141 262 | 13 010 | 2 441 |
| 将证券分析师预测日限制在相邻的两个年报公布日之间 | 146 219 | 80 671 | 11 106 | 2 422 |
| 删除盈余预测缺失的观察值 | 144 112 | 79 589 | 11 011 | 2 416 |
| 删除 B 股公司 | 144 075 | 79 566 | 10 991 | 2 402 |
| 删除金融保险业 | 136 501 | 75 827 | 10 776 | 2 368 |
| 保留每个证券分析师最近的一次预测 | 75 827 | 75 827 | 10 776 | 2 368 |
| 分现金流预测组与非现金流预测组 | 16 787 | | 10 776 | 2 368 |
| 删除缺失值 | 13 662 | | 8 946 | 2 137 |

### 5.4.2　描述性统计

表 5 - 3 和图 5 - 1 列示了 2001—2012 年有证券分析师现金流预测的盈余预测次数及其占所有盈余预测次数的比例。2002 年，证券分析师进行盈余预测 226 次，有现金流预测的为 3 次，有现金流预测的盈余预测次数仅占所有盈余预测次数的 1.33%。2012 年，证券分析师进行盈余预测 2 768 次，有现金流预测的为 1 308 次，有现金流预测的盈余预测次数占所有盈余预测次数的 47.25%。从表 5 - 3

和图5-1可以发现，无论是有证券分析师现金流预测的盈余预测次数的绝对数量还是其占盈余预测总数的比重，都呈现上升趋势。这说明随着我国资本市场的发展、投资者的增加，对证券分析师盈余预测、现金流预测信息的需求越来越大。因此研究证券分析师现金流预测带来的影响，具有理论和现实意义。

**表5-3　有/无证券分析师现金流预测的**
**盈余预测次数及其占盈余预测总数的比例**

| | 2001 年 | 2002 年 | 2003 年 | 2004 年 | 2005 年 | 2006 年 | 2007 年 |
|---|---|---|---|---|---|---|---|
| 无现金流预测 | 24 | 223 | 286 | 309 | 479 | 564 | 682 |
| | 100% | 98.67% | 92.56% | 69.91% | 77.76% | 78.33% | 71.94% |
| 有现金流预测 | 0 | 3 | 23 | 133 | 137 | 156 | 266 |
| | 0 | 1.33% | 7.44% | 30.09% | 22.24% | 21.67% | 28.06% |
| 合计 | 24 | 226 | 309 | 442 | 616 | 720 | 948 |

| | 2008 年 | 2009 年 | 2010 年 | 2011 年 | 2012 年 | 合计 |
|---|---|---|---|---|---|---|
| 无现金流预测 | 846 | 1 003 | 1 107 | 1 458 | 1 460 | 8 441 |
| | 61.53% | 62.84% | 54.56% | 55.88% | 52.75% | |
| 有现金流预测 | 529 | 593 | 922 | 1 151 | 1 308 | 5 221 |
| | 38.47% | 37.16% | 45.44% | 44.12% | 47.25% | |
| 合计 | 1 375 | 1 596 | 2 029 | 2 609 | 2 768 | 13 662 |

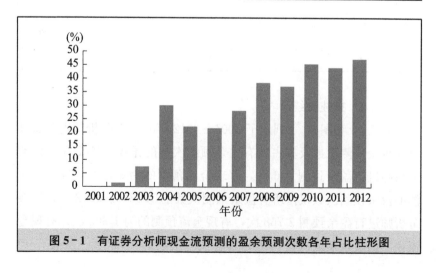

**图5-1　有证券分析师现金流预测的盈余预测次数各年占比柱形图**

表5-4列示了相关变量的描述性统计结果。AFE代表证券分析师盈余预测准确度，其均值为−2.42。这表明，平均的证券分析师盈余预测值与盈余实际值的差异占到公司总市值的2.42%。FH的均值为184.83，意味着平均而言，证券分析师在距离年报公布日的约185天发布盈余预测信息。证券分析师跟踪某一公司的具体经验为平均1.61年（Fexp）。证券分析师所在的券商机构平均拥有28.91个证券分析师（Bsize）。AC的均值为1.68，意味着每个公司平均由1.68个证券分析师跟踪。

表5-4 描述性统计

| 变量 | 观测值 | 均值 | 标准差 | 最小值 | 第25百分位数 | 中位数 | 第75百分位数 | 最大值 |
|---|---|---|---|---|---|---|---|---|
| AFE | 13 662 | −2.42 | 3.28 | −20.05 | −2.87 | −1.28 | −0.56 | −0.04 |
| FH | 13 662 | 184.83 | 78.09 | 1.00 | 135.67 | 181.00 | 230.43 | 457.00 |
| Fexp | 13 662 | 1.61 | 0.81 | 1.00 | 1.00 | 1.33 | 2.00 | 8.00 |
| Bsize | 13 662 | 28.91 | 9.53 | 1.00 | 23.50 | 28.86 | 34.00 | 88.00 |
| AC | 13 662 | 1.68 | 0.99 | 0.00 | 1.10 | 1.79 | 2.49 | 3.76 |
| Size | 13 662 | 22.32 | 1.09 | 19.02 | 21.58 | 22.19 | 22.91 | 29.24 |

### 5.4.3　证券分析师现金流预测对盈余预测准确度的影响

为了检验本章的研究假设，我们将所有样本根据有无现金流预测分为两组，分别考察两组之间预测准确度的差异，结果列示于表5-5。结果显示，有证券分析师现金流预测的AFE均值为−2.12，没有证券分析师现金流预测的AFE均值为−2.58，相应的t检验和威尔科克森符号秩检验表明，两组在1%的水平上差异显著。这说明，当证券分析师进行的盈余预测伴随现金流预测时，比没有现金流预测时更准确，支持了本章的研究假设。另外，其他变量的对比表明，有现金流预测的盈余预测发布日离年报公布日（FH）比没有现金流预测的要近。经验（Fexp）更多的、所在券商机构规模（Bsize）更大的证券分析师更容易发布现金流预测信息。而跟踪的证券分析师

（AC）较多、规模较大（Size）的公司，更容易有证券分析师发布现金流预测信息。

**表5-5　有/无现金流预测的证券分析师盈余预测准确度对比**

| 变量 | FCF | 观测值 | 均值 | 中位数 | $t$ 值 | $Z$ 值 |
|------|-----|--------|------|--------|--------|--------|
| AFE | 0 | 8 441 | −2.58 | −1.38 | −7.88*** | −9.01*** |
| | 1 | 5 221 | −2.12 | −1.11 | | |
| FH | 0 | 8 441 | 193.37 | 189.00 | 16.18*** | 17.36*** |
| | 1 | 5 221 | 171.01 | 166.33 | | |
| Fexp | 0 | 8 441 | 1.53 | 1.29 | −15.12*** | −12.89*** |
| | 1 | 5 221 | 1.75 | 1.50 | | |
| Bsize | 0 | 8 441 | 27.74 | 27.40 | −18.86*** | −22.71*** |
| | 1 | 5 221 | 30.80 | 31.00 | | |
| AC | 0 | 8 441 | 1.51 | 1.61 | −27.41*** | −25.13*** |
| | 1 | 5 221 | 1.96 | 2.08 | | |
| Size | 0 | 8 441 | 22.22 | 22.09 | −14.89*** | −15.34*** |
| | 1 | 5 221 | 22.50 | 22.36 | | |
| FCF_Freq | 0 | 8 441 | 0.04 | 0.00 | −141.13*** | −105.43*** |
| | 1 | 5 221 | 1.74 | 1.50 | | |

注：结果均在"公司-年"中进行了聚类调整；*** 表示在1%的水平上显著。

　　为了控制其他因素对证券分析师盈余预测准确度的影响，我们根据本章模型进行多元回归分析。结果列示于表5-6。表5-6的结果都在"公司-年"中进行了聚类调整，并控制了行业因素。从中可以看出，有无证券分析师现金流预测（FCF）和证券分析师现金流预测次数（FCF_Freq）对证券分析师盈余预测准确度（AFE）的影响均显著为正，这说明有证券分析师现金流预测的盈余预测质量高于没有证券分析师现金流预测的盈余预测质量，证券分析师过去进行的现金流预测次数越多，其盈余预测质量越高，这支持了本章的研究假设。

表 5-6　证券分析师现金流预测对盈余预测准确度的影响

|  | 有无现金流预测 | 现金流预测次数 |
|---|---|---|
| *FCF* | 0.215 4** | |
| | (2.38) | |
| *FCF_Freq* | | 0.289 9*** |
| | | (2.59) |
| *FH* | −0.003 0** | −0.002 8** |
| | (−2.36) | (−2.21) |
| *Fexp* | −0.466 4*** | −0.487 5*** |
| | (−2.74) | (−2.95) |
| *Bsize* | −0.010 1 | −0.016 9 |
| | (−0.04) | (−0.07) |
| *AC* | 0.320 8*** | 0.307 6*** |
| | (2.94) | (2.82) |
| *Size* | 0.192 8 | 0.190 9 |
| | (1.26) | (1.26) |
| *Industry Contr.* | 是 | 是 |
| Constant | −6.474 2** | −6.436 8** |
| | (−2.02) | (−2.03) |
| Obs. | 13 662 | 13 662 |
| *Adj. R²* | 0.032 | 0.033 |

　　注：括号内为回归系数的 *t* 值，结果均在"公司-年"中进行了聚类调整；***、**
分别表示在 1%、5% 的水平上显著。

### 5.4.4　稳健性检验

　　为增加结果的可靠性，我们进行了如下稳健性检验。第一，针
对表 5-6 的结果，根据公司进行聚类调整，但控制了行业与年度变
量，得到的结果列示于表 5-7 的第 2～3 列，结果显示与表 5-6 一
致；第二，我们改变了 *AFE* 的计算，以中位数作为一致预测值来计
算 *AFE*，重新对本章模型进行回归，得到的结果列示于表 5-7 的第
3～4 列，仍与表 5-6 一致。

表 5 - 7　稳健性检验

| | 一维聚类调整的结果 | | 以中位数作为一致预测值来计算 AFE | |
| --- | --- | --- | --- | --- |
| | 有无现金流预测 | 现金流预测次数 | 有无现金流预测 | 现金流预测次数 |
| FCF | 0.086 9** | | 0.215 6*** | |
| | (2.09) | | (2.76) | |
| FCF _ Freq | | 0.110 2*** | | 0.268 0*** |
| | | (2.64) | | (2.95) |
| FH | −0.003 6*** | −0.003 6*** | −0.002 9** | −0.002 8** |
| | (−7.59) | (−7.37) | (−2.47) | (−2.36) |
| Fexp | −0.345 9*** | −0.353 0*** | −0.436 1*** | −0.456 9*** |
| | (−3.71) | (−3.77) | (−4.09) | (−4.24) |
| Bsize | −0.142 8 | −0.144 4 | −0.097 5 | −0.100 4 |
| | (−1.59) | (−1.60) | (−0.44) | (−0.45) |
| AC | 0.442 6*** | 0.437 8*** | 0.318 2*** | 0.314 3*** |
| | (8.77) | (8.66) | (3.40) | (3.41) |
| Size | −0.171 9*** | −0.171 8*** | 0.176 4 | 0.175 7 |
| | (−2.87) | (−2.87) | (1.16) | (1.16) |
| Industry Contr. | 是 | 是 | 是 | 是 |
| Year Contr. | 是 | 是 | 是 | 是 |
| Constant | 2.226 0 | 2.226 6 | −5.832 0* | −5.824 8* |
| | (1.45) | (1.45) | (−1.82) | (−1.82) |
| Obs. | 13 662 | 13 662 | 13 662 | 13 662 |
| Adj. $R^2$ | 0.085 | 0.085 | 0.035 | 0.035 |

注：括号内为回归系数的 $t$ 值，结果均在"公司-年"中进行了聚类调整；***、
**、*分别表示在 1%、5%、10% 的水平上显著。

# 5.5　本章小结

本章以 2001—2012 年 A 股上市公司为样本，研究了证券分析师

现金流预测对盈余预测准确度的影响。研究认为，证券分析师进行现金流预测时需要更详细地理解财务报表的构成，需要投入更多的精力去理解企业经营活动现金流的规律，从而为其盈余预测提供更多可靠的信息；同时，证券分析师现金流预测对企业管理层的利润操纵行为形成约束，盈余管理的减少有助于提高盈余预测准确度（袁振超和张路，2013），因此证券分析师以往进行的现金流预测次数越多，越有利于提高其盈余预测准确度。上述论述从短期效应和长期效应两方面说明证券分析师现金流预测能够提高盈余预测准确度。本章的实证结果支持了上述研究假设。具体的研究发现是，与没有证券分析师现金流预测的盈余预测准确度相比，有证券分析师现金流预测的盈余预测准确度更高。

本章的分析使我们更深刻地认识了在我国特殊的资本市场和证券分析师市场背景下，证券分析师现金流预测对盈余预测质量的影响，提供了证券分析师现金流预测经济结果方面研究的中国经验证据。本章发现证券分析师现金流预测能够提高盈余预测的准确度，这一研究结论可以帮助投资者有效利用证券分析师预测数据，提高投资效率。

# 第 6 章　现金流预测对盈余预测准确度的影响在公司间的差异性

## 6.1　引　言

证券分析师现金流预测及其与盈余预测准确度的关系越来越受到学术界和实务界的关注，这可能缘于证券分析师在预测盈余时也越来越多地提供现金流预测信息。截至 2008 年，美国 56.4％的公司被证券分析师发布过现金流预测信息（Call et al.，2013）。在中国，现金流预测信息也越来越多，2012 年有证券分析师现金流预测的盈余预测占所有盈余预测次数的 47.25％。这一现象引起了学术界的关注（McInnis and Collins，2011）。这些研究主要关注证券分析师现金流预测带来的经济结果，如减少现金流定价低估的市场异象（Call，2008）、提高盈余预测准确度（Call et al.，2009；袁振超等，2014）、约束管理层盈余操纵行为从而提高财务报告质量（McInnis and Collins，2011）等。与上述研究不同，本章试图分析证券分析师进行现金流预测时的内在决策过程以及相应的行为表现，具体考察证券分析师现金流预测对盈余预测准确度的影响在不同特征的公司之间是否有差异。考察这一问题主要是因为以下几点：第一，对盈余预测准确度的影响仍然是证券分析师现金流预测最直接的经济结果，而盈余预测以及基于盈余预测的价值判断仍然是投资者最关心的信息；第二，证券分析师现金流预测对盈余预测质量的影响已有学者考察和验证过（Call et al.，2009；袁振超等，2014），但这一影响是否在不同公司间有差异以及差异度如何，则尚未得到很好的回答；第三，对这一问题的回答有助于投资者更好地了解证券分析师进行预测时的内在决策过程以及现金流预测与盈余预测的关系，帮助他们有效区别和使用这些预测信息。

在应计制会计下，相对于现金流而言，证券分析师更容易把握盈余的规律，也更容易对未来盈余进行预测。但证券分析师如果在预测盈余的同时，也对公司过去现金流规律进行总结，则需要投入更多的时间、精力来理解公司经营、投资、融资活动的内在规律。Call et al.（2009）认为证券分析师进行现金流预测时会全面预测一整套财务报告，包括损益表、资产负债表、现金流量表。不仅如此，证券分析师进行现金流预测还会更加关注盈余的各个组成部分，包括应计利润和经营活动现金流产生的利润。无论是盈余预测还是现金流预测，证券分析师都需要基于公司过去的财务报告，结合公司战略和公司治理状况对未来进行预测。唯一的差异是在进行现金流预测时，证券分析师更需要全面了解产生财务报告结果的公司经营细节、生产流程、治理状况、企业文化和战略发展等，需要对以往信息的全面性、可靠性进行评估，以更有效地做出现金流预测。基于这些分析，在进行现金流预测时，证券分析师除了关注过去财务报告的细节外，还会关注影响公司经营和财务状况的信息环境。我们认为，财务报告结果可以分为过去的盈余信息、现金流信息，而信息环境可以从公司治理角度加以考察。本章推测公司过去的盈余波动性、现金流波动性以及公司治理特征会对现金流和盈余预测产生影响。因此，本章试图从盈余波动性、现金流波动性以及公司治理特征三个方面入手，考察不同公司特征下，现金流预测对盈余预测准确度的影响是否存在差异。根据以前的研究（如 Call et al.，2009），现金流预测之所以会提高盈余预测准确度，是因为证券分析师会对公司财务状况进行更全面的解读，不仅了解盈余各个组成部分的关系，而且了解内在的经营细节、公司治理状况等。因此可以合理推测，当公司盈余波动较大、现金流波动较大、公司治理较差时，证券分析师投入更多的时间和精力预测现金流，则能更明显地提高盈余预测准确度。我们的实证检验支持了上述预期。具体而言，本章以2001—2012年有证券分析师跟踪并进行盈余预测的A股上市公司为样本，研究发现：在那些盈余波动较大、现金流波动较大、公司内外部治理环境较差的公司，证券分析师进行现金流预测对盈余预测准确度的影响更明显。这一研究发现不仅有助于我们更深层次地理解证券分析师现金流预测的经济结果及其作用机理，有助于投资者更有效地使用证券分析师预测信息，也为证券分析师做出提供现金流预测的选择提供了参考。

本章主要有以下两方面的研究贡献：第一，补充了有关证券分析师现金流预测方面的文献。有关证券分析师盈余预测方面的研究已经非常丰富，但对证券分析师现金流预测的研究相对较少。证券分析师现金流预测方面的研究主要关注证券分析师发布现金流预测的原因（DeFond and Hung，2003）和经济结果（Call，2008；Call et al.，2013；Call et al.，2009）。本章重点关注证券分析师现金流预测带来的经济结果在哪种类型的公司中更为明显，丰富了这方面的研究成果。第二，具有现实指导意义。基于证券分析师在资本市场中的中介作用，本章的研究能够说明证券分析师进行现金流预测对盈余预测准确度的影响的内在机理和应用环境，因此能够帮助投资者更有效地使用证券分析师报告信息，同时有助于证券分析师在进行现金流预测时做出选择,更有效地为投资者提供与企业价值相关的信息。本章后面的内容分别为研究假设、研究模型与变量定义、实证分析、研究结论。

# 6.2 研究假设

本章重点考察证券分析师现金流预测的经济结果是否会因公司特征不同而有差异,这能够补充以前的研究成果。证券分析师利用自身的信息和专业优势为投资者提供信息服务。他们作为资本市场上的中介,降低了投资者和上市公司间的信息不对称,提高了资本市场的运行效率。传统的股票研究报告通常包括盈余预测、股票推荐、目标价位三个要素,现金流预测并不在其中。然而近年来证券分析师现金流预测在研究报告中出现得越来越频繁,并带来一系列经济结果。以往的研究并未涉及证券分析师现金流预测的经济结果在不同特征的公司中是否会有差异,本章试图对这一问题做出回答。

Call et al.(2009)已经告诉我们,证券分析师现金流预测能够提高盈余预测的准确度,原因在于证券分析师进行现金流预测时会对公司的财务报表构成、以往的盈余状况、现金流状况进行细致和透彻的分析,这使他们能够更好地理解公司的盈余构成和变化状况。当公司盈余波动较小时,证券分析师容易把握其变化的规律,相应地盈余预测的难度降低,准确度较高。相反地,当公司盈余波动较大时,证券分析师难以根据以往的盈余信息推断未来的盈余状况,也就难以判断公司的真实市场价值。盈余波动越大,证券分析师盈余预测的难度也就越大,准确度也就越低。但如果证券分析师投入更多精力和时间去分析公司财务状况以获取更多信息,那么对于这些公司而言,证券分析师现金流预测对盈余预测准确度的提升作用应该更明显。基于此,提出本章的第一个研究假设:盈余波动越大,证券分析师现金流预测提升盈余预测准确度的作用越明显。

证券分析师对公司未来现金流进行预测时，必然会关注以往的现金流状况。Call et al.（2009）认为证券分析师进行现金流预测时，不仅会预测一整套财务报告，还会关注盈余的各个组成部分，当然也包括现金流的波动。公司现金流波动较大，会促使证券分析师投入更多精力和时间来把握公司的现金流状况，这反而有利于证券分析师对未来盈余的预测。由此，提出本章的第二个研究假设：现金流波动越大，证券分析师现金流预测提升盈余预测准确度的作用越明显。

公司治理是影响公司财务状况和财务报表质量的外在因素，公司治理水平高低会影响证券分析师所获取的公开信息的质量高低，最终影响证券分析师的盈余预测准确度。Zhang（2006）研究发现信息不确定会影响证券分析师预测准确度。因此，较低的公司治理水平会降低公开信息的质量，间接影响证券分析师的盈余预测准确度。管总平和黄文锋（2012）的研究已经表明，在我国资本市场上，机构投资者持股比例越高，证券分析师盈余预测准确度越低。白晓宇（2009）的研究也表明，上市公司信息披露水平越低，证券分析师盈余预测准确度越低。这些研究成果都表明公司治理差对证券分析师盈余预测准确度有不利影响。因此，在公司治理较差的公司中，证券分析师投入时间和精力去进行现金流预测，反而容易获得更多的私有信息，提高获取的信息的质量，从而有助于盈余预测准确度的改善。由此，提出本章的第三个研究假设：公司治理越差，证券分析师现金流预测提升盈余预测准确度的作用越明显。

## 6.3　研究模型与变量定义

为检验以上假设，本章构建以下三个模型：

$$AFE_{i,g,t} = \beta_0 + \beta_1 FCF_{i,g,t} + \beta_2 E\_Vol_{i,g,t} + \beta_3 FCF_{i,g,t}$$
$$\times E\_Vol_{i,g,t} + \gamma_1 FH_{i,g,t} + \gamma_2 Fexp_{i,g,t}$$

$$+ \gamma_3\, Bsize_{i,g,t} + \gamma_4\, AC_{i,t} + \gamma_5\, Size_{i,t} + \varepsilon$$

$$AFE_{i,g,t} = \beta_0 + \beta_1\, FCF_{i,g,t} + \beta_2\, CFO\_Vol_{i,g,t} + \beta_3\, FCF_{i,g,t}$$
$$\times CFO\_Vol_{i,g,t} + \gamma_1\, FH_{i,g,t} + \gamma_2\, Fexp_{i,g,t}$$
$$+ \gamma_3\, Bsize_{i,g,t} + \gamma_4\, AC_{i,t} + \gamma_5\, Size_{i,t} + \varepsilon$$

$$AFE_{i,g,t} = \beta_0 + \beta_1\, FCF_{i,g,t} + \beta_2\, CG_{i,g,t} + \beta_3\, FCF_{i,g,t} \times CG_{i,g,t}$$
$$+ \gamma_1\, FH_{i,g,t} + \gamma_2\, Fexp_{i,g,t} + \gamma_3\, Bsize_{i,g,t} + \gamma_4\, AC_{i,t}$$
$$+ \gamma_5\, Size_{i,t} + \varepsilon$$

上述模型中，被解释变量为 $AFE$，它是单个证券分析师预测盈余与实际盈余之差的绝对值除以上一年年底的总市值，并在现金流预测组和非现金流预测组内求得的均值[1]，为方便解释，取负数，该值越大，说明预测准确度越高。主要的解释变量为 $FCF$，即证券分析师盈余预测是否伴随现金流预测，如果有则为 1，否则为 0。同时，生成另外一个变量，即 $FCF\_Freq$，来衡量现金流预测次数对盈余预测质量的影响。该变量被定义为某个证券分析师某次盈余预测之前（包括当次）现金流预测的次数，并在现金流预测组和非现金流预测组内求均值。$E\_Vol$ 是衡量盈余波动性的指标。本章选择了证券分析师在进行现金流预测时可能关注的盈余的两个方面：过去期间的营业利润波动性（$Earn\_Vol$）、营业收入波动性（$Rev\_Vol$）。$CFO\_Vol$ 反映经营活动现金流波动性。营业利润波动性、营业收入波动性、经营活动现金流波动性都是根据过去 5 年的数值计算而得。$CG$ 为公司治理水平，分别以机构投资者持股比例（$Inst\_holding$）和独立董事出席会议次数的比例（$INDEP$）衡量，$INDEP$ 定义为独立董事实际出席会议次数除以应出席会议次数。为方便解释和检验第三个研究假设，我们为 $Inst\_holding$ 和 $INDEP$ 取了负值，这说明值越大，公司治理越差。

根据以前的研究（Bae et al.，2008；Gu and Xue，2008），我们控制了几个影响盈余预测质量的变量——$FH$、$Fexp$ 和 $Bsize$，这三

---

① 在后面的分析中，使用了百分数列示。

个变量都在现金流预测组和非现金流预测组内求均值。$FH$ 指证券分析师盈余预测发布日至接下来公司年报公布日之间的天数，取对数。$Fexp$ 指证券分析师跟踪某一家公司的经验，定义为该证券分析师就该公司发布第一次盈余预测到最近预测发布日的年数，取对数。$Bsize$ 为证券分析师所在券商机构规模，定义为该券商机构拥有的证券分析师数量，取对数。$AC$ 和 $Size$ 是另外的控制变量，$AC$ 定义为跟踪某公司的证券分析师数量，取对数。$Size$ 指上市公司规模，定义为上一年年底总市值的对数。这些变量的定义见表 6 – 1。

表 6 – 1　变量定义

| 变量 | 定义 |
| --- | --- |
| $AFE$ | 实际营业利润减去预测净利润的绝对值除以上一年年底的总市值，乘以 $-100$，并计算均值 |
| $FCF$ | 如果证券分析师进行盈余预测时有现金流预测，则定义为1，否则为0 |
| $FCF\_Freq$ | 证券分析师过去盈余预测（包括当次）中存在现金流预测的次数，取对数 |
| $FH$ | 证券分析师盈余预测发布日到公司年报公布日的天数，取对数 |
| $Fexp$ | 证券分析师跟踪某一家公司的经验，取对数 |
| $Bsize$ | 证券分析师所在机构的规模，以拥有的证券分析师数量为计算基础，取对数 |
| $AC$ | 跟踪某一公司的证券分析师数量，取对数 |
| $Size$ | 上市公司上一年年底的总市值，取对数 |
| $Earn\_Vol$ | 过去5年（含当年）营业利润的标准差 |
| $Rev\_Vol$ | 过去5年（含当年）营业收入的标准差 |
| $CFO\_Vol$ | 过去5年（含当年）经营活动现金流的标准差 |
| $Inst\_holding$ | 机构投资者持股比例，取负值 |
| $INDEP$ | 独立董事出席会议次数的比例，等于实际出席会议次数除以应出席会议次数，取负值 |

# 6.4　实证分析

### 6.4.1　样本筛选

本章以 2001—2012 年有证券分析师跟踪并进行盈余预测的 2 441 家上市公司为最初样本。2001—2012 年共涉及的"公司-年"总数为 13 010 个。由于同一公司可能有多个证券分析师跟踪，因此"公司-年-证券分析师"总数为 141 262 个。证券分析师会对公司盈余预测进行修正，也就是他们会进行多次预测，因此"公司-年-证券分析师-预测"总数为 356 016 个。在此基础上进行如下筛选：（1）将证券分析师预测日限制在相邻的两个年报公布日之间；（2）删除盈余预测缺失的观察值；（3）删除 B 股公司；（4）删除金融保险业；（5）保留每个证券分析师最近的一次预测；（6）分现金流预测组和非现金流预测组；（7）删除缺失值。具体过程见表 6 - 2。本章所有数据均来自 CSMAR，在此基础上，对所有连续变量上下 1% 的观察值进行了缩尾处理。

表 6 - 2　样本筛选

| 样本筛选过程 | 公司-年-证券分析师-预测 | 公司-年-证券分析师 | 公司-年 | 公司 |
|---|---|---|---|---|
| 2001—2012 年所有证券分析师的预测 | 356 016 | 141 262 | 13 010 | 2 441 |
| 将证券分析师预测日限制在相邻的两个年报公布日之间 | 146 219 | 80 671 | 11 106 | 2 422 |
| 删除盈余预测缺失的观察值 | 144 112 | 79 589 | 11 011 | 2 416 |
| 删除 B 股公司 | 144 075 | 79 566 | 10 991 | 2 402 |
| 删除金融保险业 | 136 501 | 75 827 | 10 776 | 2 368 |

续表

| 样本筛选过程 | 公司-年-证券分析师-预测 | 公司-年-证券分析师 | 公司-年 | 公司 |
|---|---|---|---|---|
| 保留每个证券分析师最近的一次预测 | 75 827 | 75 827 | 10 776 | 2 368 |
| 分现金流预测组与非现金流预测组 | 16 787 | | 10 776 | 2 368 |
| 删除缺失值 | 13 662 | | 8 946 | 2 137 |

表 6-3 和图 6-1 分别列示了 2001—2012 年证券分析师现金流预测的年度分布状况及整体趋势。在 13 662 个盈余预测样本中，有证券分析师现金流预测的样本 5 221 个，占样本总量的 38.2%。由表 6-3 可看出，我国证券分析师从 2002 年开始发布对上市公司的现金流预测，当年证券分析师进行盈余预测 226 次，有现金流预测的盈余预测仅 3 次，占盈余预测总数的 1.33%。2012 年，证券分析师进行盈余预测 2 768 次，有现金流预测的盈余预测达到 1 308 次，占盈余预测总数的 47.25%。由表 6-3 和图 6-1 可以发现，证券分析师发布现金流预测次数的绝对数量和现金流预测次数占盈余预测次数的比重，都呈现总体上升的趋势。这说明随着我国资本市场的发展、投资者的增加，市场对证券分析师盈余预测、现金流预测的需求越来越大。因此研究证券分析师现金流预测带来的影响，具有理论和现实的意义。

**表 6-3 有/无证券分析师现金流预测的盈余预测次数及其占盈余预测总数的比例**

| | 2001 年 | 2002 年 | 2003 年 | 2004 年 | 2005 年 | 2006 年 | 2007 年 |
|---|---|---|---|---|---|---|---|
| 无现金流预测 | 24 | 223 | 286 | 309 | 479 | 564 | 682 |
| | 100% | 98.67% | 92.56% | 69.91% | 77.76% | 78.33% | 71.94% |
| 有现金流预测 | 0 | 3 | 23 | 133 | 137 | 156 | 266 |
| | 0 | 1.33% | 7.44% | 30.09% | 22.24% | 21.67% | 28.06% |
| 合计 | 24 | 226 | 309 | 442 | 616 | 720 | 948 |

续表

| | 2008 年 | 2009 年 | 2010 年 | 2011 年 | 2012 年 | 合计 |
|---|---|---|---|---|---|---|
| 无现金流预测 | 846 | 1 003 | 1 107 | 1 458 | 1 460 | 8 441 |
| | 61.53% | 62.84% | 54.56% | 55.88% | 52.75% | |
| 有现金流预测 | 529 | 593 | 922 | 1 151 | 1 308 | 5 221 |
| | 38.47% | 37.16% | 45.44% | 44.12% | 47.25% | |
| 合计 | 1 375 | 1 596 | 2 029 | 2 609 | 2 768 | 13 662 |

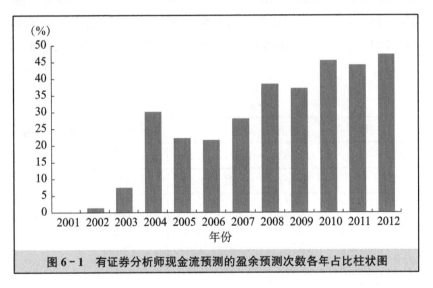

**图 6-1　有证券分析师现金流预测的盈余预测次数各年占比柱状图**

表 6-4 列示了相关变量的描述性统计结果。AFE 代表证券分析师盈余预测的准确度，数值越大说明准确度越高，其均值为 −2.417，最大值为 −0.036，最小值为 −20.049。FCF 是哑变量，其均值为 0.382，说明样本中有证券分析师现金流预测的盈余预测次数占盈余预测总数的 38.2%。FCF_Freq 是过去盈余预测中证券分析师现金流预测的次数，其均值为 0.693，最小值为 0，最大值为 8.5。FH 表示证券分析师盈余预测发布日与公司年报公布日间的天数，其原始值均值为 184.827，表明平均而言，证券分析师在年报公布日前约 185 天发布盈余预测信息。证券分析师跟踪某一公司的具体经验为平均 1.613 年（Fexp），证券分析师所在的券商机构平均拥

有 28.905 个证券分析师（Bsize），每个公司平均有 1.684 个证券分析师跟踪（AC）。Earn_Vol 是过去 5 年营业利润的标准差，最大值为 0.454，最小值为 0.004，均值为 0.054。Rev_Vol 是过去 5 年营业收入的标准差，最大值为 2.226，最小值为 0.017，均值为 0.277。CFO_Vol 是过去 5 年经营活动现金流的标准差，最大值为 0.626，最小值为 0.010，均值为 0.092。Inst_holding 是机构投资者持股比例，其原始值均值为 0.346，说明平均而言，机构投资者持股比例为 34.6%。INDEP 是独立董事出席会议次数的比例，其原始值均值为 0.781，说明独立董事实际出席会议次数的比例为 78.1%。

表 6-4　描述性统计

| 变量 | 观测值 | 均值 | 标准差 | 最小值 | 中位数 | 最大值 |
|---|---|---|---|---|---|---|
| AFE | 13 662 | −2.417 | 3.278 | −20.049 | −1.277 | −0.036 |
| FCF | 13 662 | 0.382 | 0.486 | 0.000 | 1.000 | 1.000 |
| FCF_Freq（原始值） | 13 662 | 0.693 | 0.990 | 0.000 | 1.000 | 8.500 |
| FH（原始值） | 13 662 | 184.827 | 78.085 | 1.000 | 181.000 | 457.000 |
| Fexp（原始值） | 13 662 | 1.613 | 0.808 | 1.000 | 1.333 | 8.000 |
| Bsize（原始值） | 13 662 | 28.905 | 9.531 | 1.000 | 28.857 | 88.000 |
| AC（原始值） | 13 662 | 1.684 | 0.989 | 0.000 | 1.792 | 3.761 |
| Size | 13 662 | 22.324 | 1.087 | 19.023 | 22.192 | 29.243 |
| Earn_Vol | 13 539 | 0.054 | 0.063 | 0.004 | 0.035 | 0.454 |
| Rev_Vol | 13 508 | 0.277 | 0.342 | 0.017 | 0.174 | 2.226 |
| CFO_Vol | 13 375 | 0.092 | 0.088 | 0.010 | 0.067 | 0.626 |
| Inst_holding（原始值） | 12 940 | 0.346 | 0.241 | 0.001 | 0.322 | 0.874 |
| INDEP（原始值） | 13 094 | 0.781 | 0.334 | 0.000 | 1.000 | 1.000 |

注：原始值是指取对数、负数之前的值。

### 6.4.2　证券分析师现金流预测对盈余预测准确度的影响

在考察公司特征对现金流预测与盈余预测准确度关系的影响之前，首先利用我们的样本检验现金流预测是否对盈余预测准确度产生影响。表 6－5 列示了证券分析师现金流预测对盈余预测准确度影响的单变量检验结果和多元回归结果。单变量检验结果表明，有证券分析师现金流预测的盈余预测准确度（AFE）均值为－2.147，高于无现金流预测的盈余预测准确度－2.584，并且两组的差异在 1% 的水平上显著。多元回归结果表明，证券分析师现金流预测的哑变量（FCF）和证券分析师现金流预测次数（FCF _ Freq），都对盈余预测准确度（AFE）产生正的显著影响。这些结果说明有证券分析师现金流预测的盈余预测质量高于没有证券分析师现金流预测的盈余预测质量，这与以前文献发现的结果一致（Call et al. ，2009；袁振超等，2014）。

**表 6－5　证券分析师现金流预测对盈余预测准确度的影响**

| A. 单变量检验结果 | | | | | | |
| --- | --- | --- | --- | --- | --- | --- |
| | FCF | 观测值 | 均值 | 中位数 | $t$ 值 | $Z$ 值 |
| AFE | 无现金流预测 | 8 441 | －2.584 | －1.379 | －7.88*** | －9.01*** |
| | 有现金流预测 | 5 221 | －2.147 | －1.114 | | |
| B. 多元回归结果 | | | | | | |
| | 有无现金流预测 | | | 现金流预测次数 | | |
| FCF | 0.215 4** | | | | | |
| | (2.38) | | | | | |
| FCF _ Freq | | | | 0.289 9*** | | |
| | | | | (2.59) | | |
| FH | －0.003 0** | | | －0.002 8** | | |
| | (－2.36) | | | (－2.21) | | |
| Fexp | －0.466 4*** | | | －0.487 5*** | | |
| | (－2.74) | | | (－2.95) | | |

续表

| | 有无现金流预测 | 现金流预测次数 |
|---|---|---|
| *Bsize* | −0.010 1 | −0.016 9 |
| | (−0.04) | (−0.07) |
| *AC* | 0.320 8*** | 0.307 6*** |
| | (2.94) | (2.82) |
| *Size* | 0.192 8 | 0.190 9 |
| | (1.26) | (1.26) |
| *Industry Contr.* | 是 | 是 |
| Constant | −6.474 2** | −6.436 8** |
| | (−2.02) | (−2.03) |
| Obs. | 13 662 | 13 662 |
| *Adj. R²* | 0.032 | 0.033 |

注：括号内为回归系数的 $t$ 值，结果均在"公司-年"中进行了聚类调整；***、**分别表示在1%、5%的水平上显著。

### 6.4.3 公司特征对证券分析师现金流预测与盈余预测准确度关系的影响

表6-5表明，证券分析师进行现金流预测的确提高了其盈余预测的准确度，但这并不是本章的研究重点。本章试图基于这一发现，进一步考察上述关系在不同特征公司之间是否存在差异。证券分析师在进行现金流预测时，不仅会对公司过去的整体财务状况进行把握，而且会更多地了解现金流状况、运营状况以及公司所处的财务报告环境。因此，本章从三个方面考察公司特征的影响：盈余状况、现金流状况、公司治理状况。

首先，利用第一个模型对第一个研究假设进行检验，结果列示于表6-6。本章考虑与盈余相关的两个主要指标：营业利润波动性和营业收入波动性。表6-6的第2～3列列示营业利润波动性（*Earn_Vol*）的影响，第4～5列列示营业收入波动性（*Rev_Vol*）的影响。在每个指标下，又分别考察有无现金流预测和现金流预测次数的影响。从这些结果可以看出，无论是营业利润波动性还是营业收入波动性，$FCF×Earn\_Vol$ 和 $FCF\_Freq×Earn\_Vol$ 对盈余预测准确度的影响均显著为正，说明那些盈余波动较大的公司，证券分析师进行现金流预测或多次进行现金流预测对盈余预测准确度的影响更明显，支持了本章的第一个研究假设。

**表6-6　盈余波动性、现金流预测与盈余预测准确度**

| | 营业利润波动性（Earn_Vol） | | 营业收入波动性（Rev_Vol） | |
|---|---|---|---|---|
| | 有无现金流预测 | 现金流预测次数 | 有无现金流预测 | 现金流预测次数 |
| Earn_Vol | −0.204 6** | −0.226 3** | −0.018 4 | −0.001 9 |
| | (−2.01) | (−2.28) | (−0.16) | (−0.02) |
| FCF | 0.091 5 | | 0.133 8** | |
| | (0.98) | | (2.21) | |
| FCF×Earn_Vol | 0.235 6** | | 0.160 9** | |
| | (2.28) | | (2.21) | |
| FCF_Freq | | 0.137 4 | | 0.201 6** |
| | | (1.24) | | (2.43) |
| FCF_Freq×Earn_Vol | | 0.288 4*** | | 0.126 7** |
| | | (3.95) | | (2.45) |
| FH | −0.003 0** | −0.002 9** | −0.002 9** | −0.002 8** |
| | (−2.41) | (−2.26) | (−2.49) | (−2.38) |
| Fexp | −0.474 1*** | −0.492 6*** | −0.439 4*** | −0.460 0*** |
| | (−2.81) | (−3.00) | (−4.19) | (−4.35) |
| Bsize | −0.008 6 | −0.014 9 | −0.092 0 | −0.095 1 |
| | (−0.04) | (−0.06) | (−0.41) | (−0.42) |
| AC | 0.326 1*** | 0.313 0*** | 0.320 6*** | 0.316 7*** |
| | (3.03) | (2.91) | (3.49) | (3.52) |
| Size | 0.199 3 | 0.196 9 | 0.180 2 | 0.179 4 |
| | (1.29) | (1.29) | (1.18) | (1.18) |
| Industry Contr. | 是 | 是 | 是 | 是 |
| Constant | −6.464 7** | −6.408 2** | −5.951 7* | −5.949 3* |
| | (−2.02) | (−2.02) | (−1.86) | (−1.87) |

续表

| | 营业利润波动性<br>（Earn_Vol） | | 营业收入波动性<br>（Rev_Vol） | |
| --- | --- | --- | --- | --- |
| | 有无现金<br>流预测 | 现金流预<br>测次数 | 有无现金<br>流预测 | 现金流预<br>测次数 |
| Obs. | 13 539 | 13 539 | 13 508 | 13 508 |
| $Adj.R^2$ | 0.033 | 0.034 | 0.035 | 0.035 |

注：括号内为回归系数的 $t$ 值，结果均在"公司-年"中进行了聚类调整；\*\*\*、\*\*、\*分别表示在1%、5%、10%的水平上显著。

我们利用第二个模型对第二个研究假设进行检验，结果列示于表 6-7。表 6-7 显示，$FCF \times CFO\_Vol$ 和 $FCF\_Freq \times CFO\_Vol$ 对盈余预测准确度的影响也显著为正，说明在那些经营活动现金流波动较大的公司中，证券分析师进行现金流预测或多次进行现金流预测对提高盈余预测准确度的影响更明显，支持了第二个研究假设。

表 6-7 经营活动现金流波动性、现金流预测与盈余预测准确度

| | 有无现金流预测 | 现金流预测次数 |
| --- | --- | --- |
| $CFO\_Vol$ | 0.047 4 | 0.066 6 |
| | (0.32) | (0.43) |
| $FCF$ | 0.080 3 | |
| | (0.87) | |
| $FCF \times CFO\_Vol$ | 0.262 7\*\*\* | |
| | (2.66) | |
| $FCF\_Freq$ | | 0.177 4\* |
| | | (1.80) |
| $FCF\_Freq \times CFO\_Vol$ | | 0.202 0\*\* |
| | | (1.98) |
| $FH$ | −0.003 0\*\* | −0.002 9\*\* |
| | (−2.47) | (−2.31) |
| $Fexp$ | −0.473 7\*\*\* | −0.494 3\*\*\* |
| | (−2.85) | (−3.06) |
| $Bsize$ | 0.010 4 | 0.004 3 |
| | (0.05) | (0.02) |

续表

| | 有无现金流预测 | 现金流预测次数 |
| --- | --- | --- |
| *AC* | 0.333 7*** | 0.321 2*** |
| | (3.22) | (3.11) |
| *Size* | 0.206 5 | 0.204 7 |
| | (1.35) | (1.36) |
| *Industry Contr.* | 是 | 是 |
| Constant | −6.846 9** | −6.819 7** |
| | (−2.15) | (−2.17) |
| Obs. | 13 375 | 13 375 |
| *Adj. R²* | 0.035 | 0.035 |

注：括号内为回归系数的 $t$ 值，结果均在"公司-年"中进行了聚类调整；***、**、*分别表示在1%、5%、10%的水平上显著。

利用第三个模型对第三个研究假设进行检验，选取机构投资者持股比例（*Inst_holding*）和独立董事出席会议次数的比例（*INDEP*）两个指标来衡量公司治理水平，为了方便解释，为两个变量取了负值。两个指标取负值后意味着，该值越大，公司治理越差，相应的结果列示于表6-8。表6-8的第2~3列为机构投资者持股比例，第4~5列为独立董事出席会议次数的比例，每个指标下又分别考察有无现金流预测和现金流预测次数的影响。表6-8显示，我们关心的变量 *FCF×Inst_holding* 和 *FCF_Freq×Inst_holding* 的影响显著为正，说明在那些公司治理较差的公司中，证券分析师进行现金流预测或者多次进行现金流预测，对盈余预测准确度的提高作用更明显，支持了第三个研究假设。

表6-8　公司治理、现金流预测与盈余预测准确度

| | 机构投资者持股比例（*Inst_holding*） | | 独立董事出席会议次数的比例（*INDEP*） | |
| --- | --- | --- | --- | --- |
| | 有无现金流预测 | 现金流预测次数 | 有无现金流预测 | 现金流预测次数 |
| *Inst_holding* | −0.822 9 | −0.864 5 | −0.134 6 | −0.186 6 |
| | (−1.55) | (−1.54) | (−0.50) | (−0.64) |

续表

| | 机构投资者持股比例 (Inst_holding) | | 独立董事出席会议次数的比例 (INDEP) | |
|---|---|---|---|---|
| | 有无现金流预测 | 现金流预测次数 | 有无现金流预测 | 现金流预测次数 |
| FCF | 0.533 8*** | | 0.497 8*** | |
| | (3.83) | | (3.76) | |
| FCF×Inst_holding | 0.879 3*** | | 0.336 0*** | |
| | (3.67) | | (3.72) | |
| FCF_Freq | | 0.651 5*** | | 0.629 6*** |
| | | (3.65) | | (3.44) |
| FCF_Freq×Inst_holding | | 0.965 5*** | | 0.434 6*** |
| | | (3.66) | | (4.46) |
| FH | −0.003 3*** | −0.003 1** | −0.003 4*** | −0.003 3** |
| | (−2.69) | (−2.53) | (−2.68) | (−2.51) |
| Fexp | −0.529 8*** | −0.546 9*** | −0.478 0*** | −0.498 3*** |
| | (−3.92) | (−4.06) | (−2.87) | (−3.09) |
| Bsize | 0.033 0 | 0.024 3 | 0.014 9 | 0.011 2 |
| | (0.14) | (0.10) | (0.06) | (0.04) |
| AC | 0.311 4** | 0.297 0** | 0.362 6*** | 0.350 3*** |
| | (2.49) | (2.36) | (3.83) | (3.74) |
| Size | 0.154 6 | 0.154 1 | 0.195 6 | 0.194 3 |
| | (1.16) | (1.18) | (1.32) | (1.33) |
| Industry Contr. | 是 | 是 | 是 | 是 |
| Constant | −5.857 6** | −5.864 1** | −6.715 8** | −6.735 2** |
| | (−2.11) | (−2.14) | (−2.03) | (−2.04) |
| Obs. | 12 940 | 12 940 | 13 094 | 13 094 |
| Adj. $R^2$ | 0.038 | 0.038 | 0.038 | 0.039 |

注：括号内为回归系数的 t 值，结果均在"公司-年"中进行了聚类调整；***、**分别表示在 1%、5% 的水平上显著。

### 6.4.4 稳健性检验

为增加结果的可靠性，我们进行了如下稳健性检验。第一，针对表6-5的结果，根据公司进行聚类调整，但控制了行业与年度变量，结果一致；第二，我们改变了 AFE 的计算，以中位数作为一致预测值来计算 AFE，并对表6-5至表6-8进行检验，得到的结果基本一致。

## 6.5　本章小结

本章以2001—2012年有证券分析师跟踪并进行盈余预测的A股上市公司为样本，考察证券分析师现金流预测提高盈余预测准确度的经济作用是否会因公司特征不同而有所差异。研究发现：证券分析师现金流预测对盈余预测准确度的作用在不同特征的公司中有所不同。相对而言，在那些盈余波动较大、现金流波动较大、公司内外部治理环境较差的公司，效果更为突出。

本章的分析使我们更深刻地认识到在我国特殊的资本市场和证券分析师市场背景下，证券分析师现金流预测对盈余预测准确度影响的特点，提供了证券分析师现金流预测经济结果研究的中国经验证据。本章发现证券分析师现金流预测提高盈余预测准确度的效果在不同特征的公司中会有差异，这一研究结论可以帮助我们更深刻地认识证券分析师现金流预测的经济结果及其作用机理，有助于投资者更有效地使用证券分析师预测信息，也为证券分析师做出是否提供现金流预测的选择提供了参考依据。

本章主要关注了现金流预测对盈余预测质量的影响在不同公司之间作用的差异性，并没有考察证券分析师的个体特征是否也影响上述关系。我们认为，不同的证券分析师特征，如跟踪公司的具体经验，可能影响他们所获取的信息，从而也将影响现金流预测和盈余预测质量的关系。因此，考察证券分析师个体特征是否影响现金流预测与盈余预测准确度的关系可以作为未来研究的方向。

# 第7章 证券分析师现金流预测的市场反应

## 7.1 引　言

　　证券分析师自产生以来，因为缓解和降低了上市公司与投资者间的信息不对称而日益成为资本市场上的重要信息桥梁，这吸引了大量的学者研究证券分析师报告内容带来的市场反应（Asquith，Mikhail and Au，2005；Barber et al.，2001；Givoly and Lakonishok，1979），使之成为学术界非常前沿和热门的研究话题之一。但是以往的相关研究大都集中于盈余预测、股票推荐和评级等传统的证券分析师报告内容。近年来，证券分析师报告内容出现了新的变化，因为现金流预测信息越来越多地出现在证券分析师报告中。那么，作为更能直接反映上市公司内在价值的重要信息，证券分析师现金流预测是否能够引起广大投资者的关注，能否带来相应的市场反应？已有的文献对这一问题给出了截然相反的回答。Call et al.（2013）研究发现，证券分析师修正现金流预测的行为能够带来显著的市场反应。Mohanram（2014）和Radhakrishnan and Wu（2014）进一步认为证券分析师现金流预测为投资者提供了应计项目的估计信息，有助于市场纠正应计异象。然而，Bilinski（2014）和Givoly et al.（2009）以及Givoly，Hayn and Lehavy（2013）则认为证券分析师现金流预测只是他们所进行的盈余预测的简单延伸，并不能为投资者提供有关公司内在价值的增量信息，也不能带来相应的市场反应。本章将研究在中国这一特殊的资本市场和证券分析师市场环境下，证券分析师现金流预测是否具有信息含量并带来相应的市场反应。这是研究证券分析师的现金流预测行为需要探讨的重要议题之一，它关系到证券分析师是否有必要在盈余预测信息之外发布现金流预测信息。并且证券分析师在进行现金流预测时需要花费比盈余预测更多的时间和精力去更全面地调查研究所跟踪上市公司的经营、财务和公司治理状况，从而获取更多有关上市公司的私有信息，对证券分析师现金流预测市场反应的研究可以帮助我们检验我国证券市场的效率。

本章以2001—2012年有证券分析师跟踪并进行盈余预测的A股上市公司为样本，研究发现：有证券分析师现金流预测信息的盈余预测带来的市场反应比那些没有证券分析师现金流预测信息的盈余预测带来的市场反应更大；事件日前证券分析师进行现金流预测的次数越多，市场反应越大。这一研究发现不仅有助于我们更全面地理解证券分析师现金流预测的经济结果，有助于投资者更有效地使用证券分析师预测信息，也为证券分析师做出是否提供现金流预测信息的选择提供了参考。

本章主要有以下三方面的研究贡献：第一，市场反应是证券分析师现金流预测行为的重要经济结果之一，对这一问题的研究关系到证券分析师是否有必要对上市公司进行现金流预测。第二，证券分析师进行现金流预测需要花费比盈余预测更多的时间和精力来理解公司的盈余构成（Call et al.，2009），并更全面地调查公司的经营、财务和公司治理状况，这使证券分析师具有普通投资者所不具有的私有信息优势。因此，考察证券分析师现金流预测的市场反应，可以帮助我们检验资本市场的有效程度。第三，对这一问题的研究，有助于投资者更有效地使用证券分析师报告，也为监管部门规范证券分析师行为和证券分析师报告内容提供了依据。

## 7.2 研究假设

作为资本市场上的信息中介，证券分析师利用自身的信息和专业优势对企业价值进行评估，他们的研究报告是投资者做出投资决策的重要参考依据。许多学者研究了证券分析师研究报告带来的市场反应，Francis and Soffer（1997）的研究发现，证券分析师的投资评级及盈余预测调整信息在研究报告公布后能为投资者带来超额收益。Bonner，Walther and Young（2003）发现市场对从业时间长、盈余预测准确度高的证券分析师的报告反应更强烈，说明投资者比较注重证券分析师报告的质量。Chen et al.（2005）认为投资者可以理性地使用证券分析师的盈余预测报告，对于那些过去盈余预测次数多的证券分析师发布的报告，市场能够判断其有用性并做出理性的反应。

随着近年来证券分析师提供现金流预测信息数量的增多，这方面的研究成果也越来越丰富。DeFond and Hung（2003）分析了证券分析师提供现金流预测信息的原因，提出了信息需求假设。他们认为证券分析师进行现金流预测是为了满足投资者的信息需求，对于会计应计多、会计选择范围大、盈余波动大、资本集中度高和财务健康状况不佳的公司，投资者需要更多的信息来判断公司的内在价值。因此，证券分析师更倾向于就这类公司发布现金流预测信息。DeFond and Hung（2007）比较了不同国家投资者的保护程度，发现在投资者保护程度弱的国家，证券分析师更倾向于发布现金流预测信息，他们的研究提供了支持信息需求假设的国际经验证据。王会娟等（2012）对我国证券分析师发布现金流预测的公司特征进行研究后发现，证券分析师更倾向于对非国有控股的上市公司进行现金流预测，他们的研究进一步验证了信息需求假设。然而，Yoo et al.（2011）认为进行现金流预测是证券分析师的一种策略性选择。为建立个人声誉和赢得投资者的信任，证券分析师有如实发布盈余预测信息的动力，但是这会给证券分析师带来一系列的不利影响，包括从管理层获取私有信息的机会降低、潜在的投资银行业务减少、交易佣金下降等。因此，当向下修正盈余预测会给证券分析师带来负面影响时，他们会选择同时向上修正现金流预测来减少负面影响。

许多学者也研究了证券分析师现金流预测带来的经济结果。Call（2008）发现证券分析师现金流预测对管理层发布现金流报告有监督作用，促使他们提供具有信息含量、能够反映企业未来状况的现金流信息。并且投资者会增加对有证券分析师现金流预测的公司的投资比重，这有助于消除低估现金流定价的市场异象。Call et al.（2009）进一步发现证券分析师现金流预测提高了盈余预测的准确度，并且准确的现金流预测能够降低证券分析师被解雇的概率。Givoly et al.（2009）则认为由于证券分析师的现金流预测技术并不成熟，现金流预测准确度低，与股票回报的相关性很弱。McInnis and Collins（2011）则认为证券分析师现金流预测能够提高管理层通过应计项目操纵盈余的成本，是一种约束管理层操纵盈余的机制。他们也发现，证券分析师现金流预测降低了异常应计，相应地提高了财务报告信息的质量。Call et al.（2013）进一步发现，证券分析师修正现金流预测能够为投资者带来超额回报，因此证券分析师进行现金流预测优于采用时间序列模型，具有更高的信息含量。袁振超和张路（2013）以我国 A 股上市公司 2003—2010 年的数据为样本进行研究，发现证券分析师现金流预测提高了应计项目的透明度，抑制了管理层通过应计项目进行盈余管理的行为，提高了应计质量。

并且明星证券分析师的现金流预测更能抑制管理层的盈余管理行为。

　　基于上面的分析，有证券分析师发布现金流预测的公司更能引起投资者的市场反应。于是，提出本章的研究假设：有现金流预测的证券分析师盈余预测能够带来更大的市场反应。

## 7.3　研究模型与变量定义

　　为考察证券分析师现金流预测带来的市场反应，本章构建以下模型：

$$AbsCAR = \beta_0 + \beta_1 \, FCF_{i,g,t} + \gamma_1 \, FH_{i,g,t} + \gamma_2 \, Gexp_{i,g,t}$$
$$+ \gamma_3 \, Brokersize_{i,g,t} + \gamma_4 \, Ncom_{i,t} + \gamma_5 Nind$$
$$+ \gamma_6 Star + \gamma_7 \log MV + \varepsilon$$

　　在上述模型中，被解释变量为 $AbsCAR$ ，是窗口期（$-1$，1）内规模调整的累计非正常回报率的绝对值，对累计非正常回报率取绝对值是因为本章只研究证券分析师现金流预测能否带来市场反应，不考虑正负。主要的解释变量为 $FCF$，即证券分析师盈余预测是否伴随现金流预测，如果有则为 1，否则为 0。同时，本章还考虑证券分析师现金流预测次数对股票回报的影响，因此使用另一个变量 $FCF\_Freq$ 来考察证券分析师进行的现金流预测次数的市场反应结果。$FCF\_Freq$ 被定义为在某个事件日之前（包括当次）的证券分析师盈余预测中包含现金流预测次数的平均值，并取 log 值。根据以前的研究（Bae et al. ，2008；Gu and Xue，2008），我们控制了几个影响盈余预测质量的变量，即 $FH$、$Gexp$ 和 $Brokersize$，这三个变量都在现金流预测组和非现金流预测组内求平均值。$FH$ 指证券分析师盈余预测发布日至接下来公司年报公布日之间的月数，并取 log 值。$Gexp$ 指每个事件日发布预测的证券分析师经验，定义为该证券分析师发布第一次盈余预测的年份到事件日年份的年数，并取

log 值。*Brokersize* 为每个事件日发布预测的证券分析师所在券商机构的规模，以其拥有的证券分析师数量为计算基础，并取 log 值。*Ncom* 是每个事件日发布预测的证券分析师跟踪的公司数目的平均值，并取 log 值。*Nind* 是每个事件日发布预测的证券分析师跟踪的行业数目的平均值，并取 log 值。*Star* 是哑变量，如果每个事件日至少有一个证券分析师为明星证券分析师，则为 1，否则为 0。*logMV* 是公司权益市值的对数。这些变量的定义可见表 7–1。

表 7–1　变量定义

| 变量 | 变量定义 |
| --- | --- |
| *AbsCAR* | 窗口期（−1，1）内规模调整的累计非正常回报率的绝对值 |
| *FCF* | 预测当日至少有一个证券分析师发布现金流预测，则为 1，否则为 0 |
| *FCF_Freq* | 在某个事件日之前（包括当次）的证券分析师盈余预测中包含现金流预测次数的平均值，并取 log 值 |
| *FH* | 证券分析师盈余预测发布日到接下来公司年报公布日之间的月数，并取 log 值 |
| *Gexp* | 每个事件日发布预测的证券分析师经验，并取 log 值 |
| *Brokersize* | 每个事件日发布预测的证券分析师所在券商机构的规模，以其拥有的证券分析师数量为计算基础，并取 log 值 |
| *Ncom* | 每个事件日发布预测的证券分析师跟踪的公司数目的平均值，并取 log 值 |
| *Nind* | 每个事件日发布预测的证券分析师跟踪的行业数目的平均值，并取 log 值 |
| *Star* | 每个事件日至少有一个证券分析师为明星证券分析师则为 1，否则为 0 |
| *logMV* | 公司权益市值的对数 |

# 7.4　实证分析

## 7.4.1　样本的选取

本章选取了 2001—2012 年有证券分析师跟踪并进行盈余预测的

2 441 家上市公司为最初样本，将每一个证券分析师对每一家公司的每一次盈余预测作为一个事件日，共得到 106 362 个观察值。在此基础上进行如下筛选：（1）将证券分析师预测日限制在相邻的两个年报公布日之间；（2）删除 B 股公司；（3）删除金融保险业；（4）保留每个证券分析师最近的一次盈余预测；（5）删除上市时间不足一年的公司；（6）删除距离年报公布日一周的事件；（7）删除相关变量缺失值。最终得到 45 633 个观察值。具体筛选过程见表 7 - 2。本章所有数据均来自 CSMAR，在此基础上，对所有连续变量上下 1% 的观察值进行了缩尾处理。

表 7 - 2　样本筛选

| 样本筛选过程 | 公司-年-证券分析师预测日 | 公司-年 | 公司 |
| --- | --- | --- | --- |
| 2001—2012 年所有证券分析师的预测 | 106 362 | 13 010 | 2 441 |
| 将证券分析师预测日限制在相邻的两个年报公布日之间 | 98 187 | 11 106 | 2 422 |
| 删除 B 股公司 | 96 599 | 10 991 | 2 402 |
| 删除金融保险业 | 93 031 | 10 776 | 2 368 |
| 保留每个证券分析师最近的一次盈余预测 | 58 253 | 10 776 | 2 368 |
| 删除上市时间不足一年的公司 | 48 246 | 9 624 | 2 210 |
| 删除距离年报公布日一周的事件 | 45 998 | 9 484 | 2 202 |
| 删除相关变量缺失值 | 45 633 | 9 433 | 2 193 |

### 7.4.2　描述性统计

表 7 - 3 列示了 *FCF* 和 *FCF _ Freq* 的各年分布状况，可以看出我国证券分析师从 2002 年开始就上市公司发布现金流预测信息。A 部分对有无现金流预测的盈余预测进行了分组，2002 年证券分析师进行盈余预测 268 次，其中有现金流预测的盈余预测 3 次，占所有盈余预测次数的 1.12%。此后，证券分析师现金流预测次数和有现

表 7-3　FCF 和 FCF_Freq 各年分布状况

A. FCF 各年分布

| | 2001 年 | 2002 年 | 2003 年 | 2004 年 | 2005 年 | 2006 年 | 2007 年 | 2008 年 | 2009 年 | 2010 年 | 2011 年 | 2012 年 | 合计 |
|---|---|---|---|---|---|---|---|---|---|---|---|---|---|
| 无现金流预测 | 33 | 265 | 549 | 637 | 1 624 | 1 692 | 2 761 | 3 718 | 5 014 | 4 160 | 4 443 | 3 995 | 28 891 |
| | 100.00% | 98.88% | 95.98% | 78.26% | 90.83% | 85.37% | 85.30% | 72.18% | 80.48% | 57.54% | 50.17% | 42.18% | |
| 有现金流预测 | 0 | 3 | 23 | 177 | 164 | 290 | 476 | 1 433 | 1 216 | 3 070 | 4 413 | 5 477 | 16 742 |
| | 0.00% | 1.12% | 4.02% | 21.74% | 9.17% | 14.63% | 14.70% | 27.82% | 19.52% | 42.46% | 49.83% | 57.82% | |
| 合计 | 33 | 268 | 572 | 814 | 1 788 | 1 982 | 3 237 | 5 151 | 6 230 | 7 230 | 8 856 | 9 472 | 45 633 |

B. FCF_Freq 各年分布

| | 2001 年 | 2002 年 | 2003 年 | 2004 年 | 2005 年 | 2006 年 | 2007 年 | 2008 年 | 2009 年 | 2010 年 | 2011 年 | 2012 年 | 合计 |
|---|---|---|---|---|---|---|---|---|---|---|---|---|---|
| 合计 | 33 | 268 | 572 | 814 | 1 788 | 1 982 | 3 237 | 5 151 | 6 230 | 7 230 | 8 856 | 9 472 | 45 633 |
| 均值 | 0 | 0.015 | 0.04 | 0.255 | 0.122 | 0.219 | 0.215 | 0.47 | 0.319 | 0.753 | 0.949 | 1.187 | 0.681 |

金流预测的盈余预测次数占盈余预测总数的比重总体呈上升趋势，到 2012 年，有现金流预测的盈余预测达到 5 477 次，占所有盈余预测次数的 57.82%。B 部分列示了在某事件日之前（包括当次）的证券分析师盈余预测中包含现金流预测次数的平均值（$FCF\_Freq$），2002 年证券分析师进行现金流预测次数的平均值为 0.015，此后这一数值也保持总体上升的趋势，至 2012 年达到 1.187。

图 7-1 列示了有证券分析师现金流预测的盈余预测次数占所有盈余预测次数百分比的趋势。可以看出，有证券分析师现金流预测的盈余预测次数占所有盈余预测次数的比重在 2002—2004 年持续并快速上升到 21.74%。之后在 2005—2007 年较 2004 年有所降低，但 2008 年又上升至 27.82%，2009 年有所回落，2010 年又迅速上升，到 2012 年达到 57.82%。

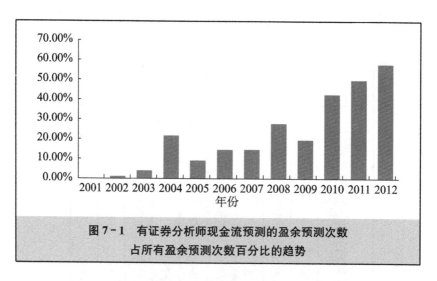

**图 7-1　有证券分析师现金流预测的盈余预测次数
占所有盈余预测次数百分比的趋势**

表 7-4 列示了本章相关变量的描述性统计。由表 7-4 可以看出，累计非正常回报率绝对值（$AbsCAR$）的均值为 0.1，最大值为 1.713，最小值为 0。哑变量 $FCF$ 的均值为 0.367，说明有现金流预测的盈余预测次数占所有盈余预测次数的 36.7%。现金流预测次数（$FCF\_Freq$ 原始值）最大值为 18，最小值为 0，均值为 0.681。每

表 7-4  各相关变量的描述性统计结果

| 变量 | 观测值 | 均值 | 标准差 | 最小值 | 第 25 百分位数 | 中位数 | 第 75 百分位数 | 最大值 |
|---|---|---|---|---|---|---|---|---|
| AbsCAR | 45 633 | 0.100 | 0.267 | 0.000 | 0.022 | 0.047 | 0.080 | 1.713 |
| FCF | 45 633 | 0.367 | 0.482 | 0.000 | 0.000 | 0.000 | 1.000 | 1.000 |
| FCF_Freq（原始值） | 45 633 | 0.681 | 1.189 | 0.000 | 0.000 | 0.000 | 1.000 | 18.000 |
| FH（原始值） | 45 633 | 171.109 | 97.828 | 1.000 | 92.000 | 163.000 | 238.000 | 459.000 |
| Gexp（原始值） | 45 633 | 3.848 | 2.190 | 1.000 | 2.000 | 3.500 | 5.000 | 12.000 |
| Brokersize（原始值） | 45 633 | 28.821 | 12.888 | 1.000 | 19.000 | 29.000 | 36.500 | 88.000 |
| Ncom（原始值） | 45 633 | 13.419 | 8.064 | 1.000 | 8.379 | 12.149 | 16.159 | 76.000 |
| Nind（原始值） | 45 633 | 3.122 | 1.035 | 1.000 | 2.389 | 3.036 | 3.624 | 13.000 |
| logMV | 45 633 | 22.725 | 1.140 | 19.647 | 21.911 | 22.577 | 23.391 | 28.436 |
| Star | 45 633 | 0.207 | 0.405 | 0.000 | 0.000 | 0.000 | 0.000 | 1.000 |

个事件日发布预测的证券分析师的经验（*Gexp* 原始值）最大值为 12，最小值为 1，均值为 3.848。每个事件日发布预测的证券分析师所在券商机构拥有的证券分析师人数（*Brokersize* 原始值）平均为 28.821 人，最多的有 88 人，最少的只有 1 人。每个事件日发布预测的证券分析师跟踪的公司数目（*Ncom*）平均为 13.419 个，最多 76 个，最少 1 个。每个事件日发布预测的证券分析师跟踪的行业数目最多 13 个，最少 1 个，平均为 3.122 个。*Star* 是哑变量，如果每个事件日发布预测的证券分析师中至少有一个明星证券分析师，则为 1，否则为 0，其均值为 0.207，说明每个事件日发布预测的证券分析师中至少有一个明星证券分析师的占所有盈余预测次数的 20.7%。

表 7-5 列示了证券分析师有现金流预测和没有现金流预测的盈余预测市场反应对比结果。有现金流预测的累计非正常回报率绝对值的均值为 0.116，显著大于没有现金流预测的累计非正常回报率绝对值的均值 0.091。这说明证券分析师现金流预测会带来明显的市场反应，意味着投资者会关注证券分析师发布的现金流预测信息并将其作为投资决策的参考。

表 7-5　有/无现金流预测的盈余预测市场反应对比

| 变量 | *FCF* | 观测值 | 均值 | 中位数 | *t* 值 | *Z* 值 |
|---|---|---|---|---|---|---|
| *AbsCAR* | 0 | 28 891 | 0.091 | 0.047 | −9.06*** | −1.6 |
| | 1 | 16 742 | 0.116 | 0.047 | | |

### 7.4.3　多元回归分析

为进一步检验证券分析师现金流预测带来的市场反应，需要进行多元回归分析。表 7-6 列示了证券分析师有无现金流预测的哑变量（*FCF*）和现金流预测次数（*FCF_Freq*）的市场反应的多元回归结果。可以看出，两个关键变量 *FCF* 和 *FCF_Freq* 对市场反应（*AbsCAR*）的影响均显著为正，说明证券分析师进行现金流预测或者证券分析师进行的现金流预测次数多，都可以带来正的超额累计回报。这一结果意味着市场认可证券分析师的现金流预测，并会做出相应的市场反应。

**表 7-6　证券分析师现金流预测的市场反应**

| | 有无现金流预测 | 现金流预测次数 |
|---|---|---|
| $FCF$ | 0.006 7** | |
| | (2.02) | |
| $FCF\_Freq$ | | 0.009 9*** |
| | | (2.58) |
| $FH$ | 0.002 0*** | 0.002 2*** |
| | (4.78) | (5.08) |
| $Ncom$ | 0.010 8*** | 0.010 8*** |
| | (3.39) | (3.38) |
| $Nind$ | −0.002 3 | −0.002 2 |
| | (−0.61) | (−0.58) |
| $Brokersize$ | −0.024 4*** | −0.024 7*** |
| | (−5.22) | (−5.27) |
| $Star$ | 0.006 6 | 0.006 3 |
| | (1.55) | (1.49) |
| $Gexp$ | 0.006 9* | 0.006 6* |
| | (1.95) | (1.89) |
| $logMV$ | −0.002 8 | −0.003 0 |
| | (−1.54) | (−1.63) |
| $Industry\ Effects$ | 是 | 是 |
| $Year Effects$ | 是 | 是 |
| $Constant$ | 0.153 7*** | 0.157 8*** |
| | (3.08) | (3.16) |
| $Obs.$ | 45 633 | 45 633 |
| $Adj.R^2$ | 0.076 | 0.076 |

注：括号内为回归系数的 $t$ 值，结果均在"公司-年"中进行了聚类调整；***、**、*分别表示在1%、5%、10%的水平上显著。

### 7.4.4　稳健性检验

为增加研究结果的可靠性，本章将事件窗口期调整为（－2，2）、（－3，3）、（－4，4）、（－5，5），分别对两个关键变量 $FCF$ 和 $FCF\_Freq$ 带来的市场反应进行稳健性检验，结果列示于表7-7。表7-7显示 $FCF$ 和 $FCF\_Freq$ 对 $AbsCAR$ 的影响也显著为正，说明在新的窗口期内证券分析师进行现金流预测或者进行的现金流预测次数越多，市场反应越大，这与表7-6的结果一致。

# 7.5　本章小结

本章以2001—2012年A股上市公司为样本，研究了证券分析师现金流预测带来的市场反应。采用事件研究法可发现：有证券分析师现金流预测的盈余预测带来的市场反应比没有证券分析师现金流预测的盈余预测带来的市场反应更大；事件日前证券分析师进行现金流预测的次数越多，市场反应越大。这些研究结果意味着，证券分析师现金流预测具有信息含量，投资者在进行投资决策时使用了证券分析师的现金流预测信息。本章的研究有助于我们理解证券分析师发布现金流预测信息的意义，检验我国资本市场的有效程度，也有助于投资者有效使用证券分析师预测报告，并为监管部门规范证券分析师的行为和证券分析师报告的内容提供了参考和依据。

本章主要有以下三方面的研究贡献：第一，市场反应是证券分析师现金流预测的重要经济结果之一，对这一问题的研究关系到证券分析师是否有必要进行现金流预测。第二，证券分析师进行现金流预测需要花费比盈余预测更多的时间和精力来理解公司盈余构成（Call et al.，2009），并更全面地调查公司的经营、财务和治理状况，这使证券分析师具有普通投资者所不具有的私有信息优势。因

表7-7 稳健性检验

| | (2, 2) | (-3, 3) | (-4, 4) | (-5, 5) | (-2, 2) | (-3, 3) | (-4, 4) | (-5, 5) |
|---|---|---|---|---|---|---|---|---|
| FCF | 0.010 5* (1.90) | 0.015 4** (1.99) | 0.019 3* (1.95) | 0.023 9** (1.98) | | | | |
| FCF_Freq | | | | | 0.015 3** (2.39) | 0.021 1** (2.35) | 0.027 0** (2.35) | 0.033 3** (2.37) |
| FH | 0.003 5*** (4.93) | 0.004 8*** (4.86) | 0.006 0*** (4.72) | 0.007 3*** (4.65) | 0.003 7*** (5.18) | 0.005 1*** (5.11) | 0.006 5*** (4.97) | 0.007 8*** (4.90) |
| Ncom | 0.017 3*** (3.26) | 0.022 8*** (3.06) | 0.027 9*** (2.91) | 0.033 8*** (2.89) | 0.017 3*** (3.25) | 0.022 6*** (3.04) | 0.027 8** (2.90) | 0.033 7 (2.87) |
| Nind | -0.001 9 (-0.30) | -0.001 0 (-0.12) | 0.000 0 (0.00) | 0.000 4 (0.03) | -0.001 7 (-0.28) | -0.000 8 (-0.09) | 0.000 3 (0.03) | 0.000 8 (0.06) |
| Brokersize | -0.040 6*** (-5.20) | -0.055 3*** (-5.07) | -0.068 5*** (-4.88) | -0.083 1*** (-4.85) | -0.041 0*** (-5.25) | -0.055 8*** (-5.11) | -0.069 1*** (-4.93) | -0.083 9*** (-4.89) |
| Star | 0.010 1 (1.43) | 0.014 0 (1.42) | 0.017 8 (1.41) | 0.021 2 (1.38) | 0.009 7 (1.37) | 0.013 5 (1.38) | 0.017 1 (1.36) | 0.020 4 (1.33) |

续表

| | (2, 2) | (−3, 3) | (−4, 4) | (−5, 5) | (−2, 2) | (−3, 3) | (−4, 4) | (−5, 5) |
|---|---|---|---|---|---|---|---|---|
| $Gexp$ | 0.009 5 | 0.011 9 | 0.015 0 | 0.017 5 | 0.009 1 | 0.011 3 | 0.014 3 | 0.016 7 |
| | (1.62) | (1.45) | (1.42) | (1.37) | (1.56) | (1.39) | (1.36) | (1.30) |
| $logMV$ | −0.003 4 | −0.004 1 | −0.004 2 | −0.004 8 | −0.003 7 | −0.004 4 | −0.004 6 | −0.005 3 |
| | (−1.12) | (−0.95) | (−0.75) | (−0.71) | (−1.19) | (−1.02) | (−0.83) | (−0.78) |
| $Industry\ Effects$ | 是 | 是 | 是 | 是 | 是 | 是 | 是 | 是 |
| $Year Effects$ | 是 | 是 | 是 | 是 | 是 | 是 | 是 | 是 |
| $Constant$ | 0.219 9*** | 0.295 7** | 0.338 5** | 0.397 8** | 0.226 1*** | 0.303 7*** | 0.349 1** | 0.410 7*** |
| | (2.63) | (2.53) | (2.25) | (2.17) | (2.71) | (2.60) | (2.32) | (2.24) |
| Obs. | 45 633 | 45 633 | 45 633 | 45 633 | 45 633 | 45 633 | 45 633 | 45 633 |
| $Adj.R^2$ | 0.080 | 0.083 | 0.086 | 0.088 | 0.080 | 0.083 | 0.086 | 0.088 |

注：括号内为回归系数的 $t$ 值，结果均在"公司-年"中进行了聚类调整；***、**、* 分别表示在 1%、5%、10%的水平上显著。

此，考察证券分析师现金流预测的市场反应，可以帮助我们检验资本市场的有效程度。第三，对这一问题的研究，有助于投资者更有效地使用证券分析师报告，也为监管部门规范证券分析师行为和证券分析师报告内容提供了政策参考。

# 第 8 章　研究结论<br>与研究不足

## 8.1　研究结论

　　本书以 2001—2012 年有证券分析师跟踪的中国 A 股上市公司为研究样本，结合中国特殊的资本市场背景，运用描述性统计、单变量检验、多元回归等实证研究方法，研究影响我国证券分析师发布现金流预测的主客观因素及现金流预测的经济结果。在借鉴前人研究成果的基础上，本书首先考察了证券分析师个人特征、所跟踪公司的特征等因素对证券分析师现金流预测选择行为的影响。其次，作为证券分析师报告的重要组成部分，盈余预测是投资者最为关注的内容，盈余预测准确度也是衡量证券分析师报告质量的重要指标。在我国证券分析师报告质量不断受到质疑和批评的背景下，现金流预测作为盈余预测的重要补充，为投资者提供了更多有关公司内在价值的信息，那它是否能够提高盈余预测准确度？为此，本书重点考察证券分析师现金流预测对盈余预测准确度的影响。同时，证券分析师现金流预测对盈余预测准确度的影响有其内在机理，进而导致现金流预测的作用在不同公司间会有所不同。因此本书继续考察了证券分析师现金流预测对盈余预测准确度的影响在不同特征公司间的差异性。最后，无论盈余预测还是现金流预测，证券分析师报告的意义都在于为投资者所使用，因此本书也考察了证券分析师现金流预测带来的市场反应。主要研究结论如下：

（1）有关影响证券分析师发布现金流预测的因素：证券分析师发布现金流预测的行为符合成本-收益原则，他们既会考虑发布现金流预测的收益，也会考虑这一行为带来的成本或损失。那些就职于大型券商机构、从业经验丰富、跟踪行业相对较多的证券分析师更愿意进行现金流预测；所跟踪公司的治理状况越好，证券分析师越愿意进行现金流预测；所跟踪公司的经营风险越小，证券分析师越愿意发布现金流预测。这些研究结论从信息供给的角度提供了我国证券分析师发布现金流预测选择过程的经验证据，有助于我们更深入地理解证券分析师行为特征。

（2）有关证券分析师现金流预测对盈余预测质量的影响：证券分析师现金流预测会带来许多经济结果，而它对盈余预测质量的影响是最直接的。本书从证券分析师现金流预测的长期和短期效应两个方面验证了证券分析师现金流预测对盈余预测质量的提升作用。本书发现有证券分析师现金流预测的盈余预测质量相对更高，以往证券分析师进行现金流预测的次数越多，盈余预测质量也越高。这一研究结论使我们能够更深入地理解证券分析师现金流预测的经济作用，便于投资者有效使用证券分析师报告。

（3）有关证券分析师现金流预测对盈余预测质量的影响在不同公司间的差异：证券分析师现金流预测对盈余预测质量的影响在各个公司间并不相同。相对而言，在那些盈余波动较大、现金流波动较大、公司内外部治理环境较差的公司，效果更为突出。这一研究结论可以帮助我们更深刻地认识证券分析师现金流预测的经济结果及其作用机理，有助于投资者更有效地使用证券分析师预测信息，也为证券分析师做出是否提供现金流预测的选择提供了依据。

（4）有关证券分析师现金流预测对股票价格的影响：股票市场能够对证券分析师现金流预测做出相应的反应，本书采用事件研究法发现：有证券分析师现金流预测的盈余预测带来的市场反应比那些没有证券分析师现金流预测的盈余预测带来的市场反应更大；事件日前证券分析师进行现金流预测的次数越多，市场反应也越大。这意味着证券分析师现金流预测具有信息含量，投资者在进行投资决策时使用了证券分析师的现金流预测信息。

## 8.2　研究不足

本书既考察了影响证券分析师发布现金流预测的重要因素，也考察了证券分析师现金流预测的重要经济结果。但具体来讲，本书还存在以下不足：

（1）采用的考察指标不全面。在考察影响证券分析师发布现金流预测的因素时，从证券分析师个人特征、公司特征方面进行了研究。但是在研究证券分析师个人特征对发布现金流预测的影响时，只考虑了从业经验、所在券商机构的规模、跟踪的行业和公司数目几个因素，没有考虑证券分析师性别、教育背景、是否为明星分析师等其他证券分析师特征的影响。在考察公司特征对证券分析师行为的影响时，也只是考虑了反映盈余状况的营业利润和营业收入波动性，反映现金流状况的现金流波动性，以及反映公司治理状况的机构投资者持股比例及独立董事出席会议次数的比例，没有考虑反映公司特征的其他指标，比如股权性质、公司信息环境等。

（2）对证券分析师现金流预测经济结果的考察不全面。本书只研究了证券分析师现金流预测对盈余预测质量的影响及市场反应，并没有考察证券分析师发布的现金流预测的准确度，也没有考察证券分析师的现金流预测行为对所跟踪公司财务报告质量、管理层行为、信息环境等方面的影响。

　　鉴于以上原因，证券分析师其他个人特征，有关公司的其他财务、经营、治理状况方面的特征，以及证券分析师现金流预测的其他经济结果方面，都将成为未来进一步的研究方向。

# 参考文献

Abarbanell J S, Bushee B J. Fundamental analysis, future earnings, and stock prices. Journal of Accounting Research, 1997, 35 (1): 1 – 24.

Abarbanell J S. Do analysts' earnings forecasts incorporate information in prior stock price changes?. Journal of Accounting and Economics, 1991, 14 (2): 147 – 165.

Arya A, Mittendorf B. The interaction among disclosure, competition between firms, and analyst following. Journal of Accounting and Economics, 2007, 43 (2 – 3): 321 – 339.

Ashbaugh H, Pincus M. Domestic accounting standards, international accounting standards, and the predictability of earnings. Journal of Accounting Research, 2001, 39 (3): 417 – 434.

Asquith P, Mikhail M B, Au A S. Information content of equity analyst reports. Journal of Financial Economics, 2005, 75 (2): 245 – 282.

Bae K-H, Stulz R M, Tan H. Do local analysts know more? A cross-country study of the performance of local analysts and foreign analysts. Journal of Financial Economics, 2008, 88 (3): 581 – 606.

Bae K-H, Tan H, Welker M. International GAAP differences: The impact on foreign analysts. The Accounting Review, 2008, 83 (3): 593 – 628.

Baldwin B A. Segment earnings disclosure and the ability of security analysts to forecast earnings per share. The Accounting Review, 1984, 59 (3): 376 – 389.

Barber B, Lehavy R, McNichols M, et al. Can investors profit from the prophets? Security analyst recommendations and stock returns. Journal of Finance, 2001, 56 (2): 531 – 563.

Barry C B, Jennings R H. Information and diversity of analyst opinion. Journal of Financial and Quantitative Analysis, 1992, 27 (2): 169 – 183.

Basu S, Hwang L, Jan C. International variation in accounting measurement rules and analysts' earnings forecast errors. Journal of Business Finance & Accounting, 1998, 25 (9 – 10): 1207 – 1247.

Behn B K, Choi J H, Kang T. Audit quality and properties of analyst earnings forecasts. The Accounting Review, 2008, 83 (2): 327 – 349.

Bhat G, Hope O K, Kang T. Does corporate governance transparency affect the accuracy of analyst forecasts?. Accounting & Finance, 2006, 46 (5): 715 – 732.

Bhushan R. Firm characteristics and analyst following. Journal of Accounting and Economics, 1989, 11 (2 – 3): 255 – 274.

Bilinski P. Do analysts disclose cash flow forecasts with earnings estimates when earnings quality is low?. Journal of Business Finance & Accounting, 2014, 41 (3-4): 401-434.

Bjerring J H, Lakonishok J, Vermaelen T. Stock prices and financial analysts' recommendations. Journal of Finance, 1983, 38 (1): 187-204.

Bonner S E, Walther B R, Young S M. Sophistication-related differences in investors' models of the relative accuracy of analysts' forecast revisions. The Accounting Review, 2003, 78 (3): 679-706.

Bowen R M, Chen X, Cheng Q. Analyst coverage and the cost of raising equity capital: Evidence from underpricing of seasoned equity offerings. Contemporary Accounting Research, 2008, 25 (3): 657-699.

Bradshaw M T, Richardson S A, Sloan R G. Do analysts and auditors use information in accruals?. Journal of Accounting Research, 2001, 39 (1): 45-74.

Brennan M J, Hughes P J. Stock prices and the supply of information. Journal of Finance, 1991, 46 (5): 1665-1691.

Brown L D, Hagerman R L, Griffin P A, Zmijewski M E. Security analyst superiority relative to univariate time-series models in forecasting quarterly earnings. Journal of Accounting and Economics, 1987, 9 (1): 61-87.

Brown L D, Rozeff M S. The superiority of analyst forecasts as measures of expectations evidence. The Journal of Finance, 1978, 33 (1): 1-16.

Bryan D M, Tiras S L. The influence of forecast dispersion on the incremental explanatory power of earnings, book value, and analyst forecasts on market prices. The Accounting Review, 2007, 82 (3): 651-677.

Burgstahler D C, Eames M J. Earnings management to avoid losses and earnings decrease: Are analysts fooled?. Contemporary Accounting Research, 2003, 20 (2): 253 – 294.

Call A C. Analysts' cash flow forecasts and the predictive ability and pricing of operating cash. Arizona State University Working Paper, 2008.

Call A C, Chen S, Tong Y H. Are analysts' cash flow forecasts naive extensions of their own earnings forecasts?. Contemporary Accounting Research, 2013, 30 (2): 438 – 465.

Call A C, Chen S, Tong Y H. Are analysts' earnings forecasts more accurate when accompanied by cash flow forecasts?. Review of Accounting Studies, 2009, 14 (2): 358 – 391.

Chen Q, Francis J, Jiang W. Investor learning about analyst predictive ability. Journal of Accounting and Economics, 2005, 39 (1): 3 – 24.

Chen Q, Jiang W. Analysts' weighting of private and public information. The Review of Financial Studies, 2006, 19 (1): 319 – 355.

Chung K H, Jo H. The impact of security analysts' monitoring and marketing functions on the market value of firms. Journal of Financial and Quantitative Analysis, 1996, 31 (4): 493 – 512.

Clement M B. Analyst forecast accuracy: Do ability, resources, and portfolio complexity matter?. Journal of Accounting and Economics, 1999, 27 (3): 285 – 303.

Clement M B, Tse S Y. Financial analyst characteristics and herding behavior in forecasting. Journal of Finance, 2005, 60 (1): 307 – 341.

Collins W A, Hopwood W S. A multivariate analysis of annual earnings forecasts generated from quarterly forecasts of financial analysts and univariate time-series models. Journal of Accounting Research, 1980, 18 (2): 390 - 406.

Copeland T E, Mayers D. The value line enigma (1965-1978): A case study of performance evaluation issues. Journal of Financial Economics, 1982, 10 (3): 289 - 321.

Cragg J G, Malkiel B G. The consensus and accuracy of some predictions of the growth of corporate earnings. Journal of Finance, 1968, 23 (1): 67 - 84.

Cuijpers R, Buijink W. Voluntary adoption of non-local GAAP in the European Union: A study of determinants and consequences. European Accounting Review, 2005, 14 (3): 487 - 524.

DeFond M, Hung M. Investor protection and analysts' cash flow forecasts around the world. Review of Accounting Studies, 2007, 12 (2): 377 - 419.

DeFond M L, Hung M. An empirical analysis of analysts' cash flow forecasts. Journal of Accounting and Economics, 2003, 35 (1): 73 - 100.

Dyck A, Morse A, Zingales L. Who blows the whistle on corporate fraud?. Journal of Finance, 2010, 65 (6): 2213 - 2253.

Ertimur Y, Mayew W, Stubben S. Analyst reputation and the issuance of disaggregated earnings forecasts to I/B/E/S. Review of Accounting Studies, 2011, 16 (1): 29 - 58.

Francis J, Soffer L. The Relative informativeness of analysts' stock recommendations and earnings forecast revisions. Journal of Accounting Research, 1997, 35 (2): 193 - 211.

Givoly D, Hayn C, Lehavy R. Analysts' cash flow forecasts are not sophisticated: A rebuttal of Call, Chen and Tong (2013). Pennsylvania State University, University of California at Los Angeles, University of Michigan Working Paper, 2013.

Givoly D, Hayn C, Lehavy R. The quality of analysts' cash flow forecasts. The Accounting Review, 2009, 84 (6): 1877 - 1911.

Givoly D, Lakonishok J. The information content of financial analysts' forecasts of earnings: Some evidence on semi-strong inefficiency. Journal of Accounting and Economics, 1979, 1 (3): 165 - 185.

Gleason C A, Lee C M. Analyst forecast revisions and market price discovery. The Accounting Review, 2003, 78 (1): 193 - 225.

Green T C, Jame R, Markov S, et al. Access to management and the informativeness of analyst research. Journal of Financial Economics, 2014, 114 (2): 239 - 255.

Gu Z, Xue J. The superiority and disciplining role of independent analysts. Journal of Accounting and Economics, 2008, 45 (2 - 3): 289 - 316.

Hirshleifer D, Teoh S H. Limited attention, information disclosure, and financial reporting. Journal of Accounting and Economics, 2003, 36 (1 - 3): 337 - 386.

Hope O-K. Accounting policy disclosures and analysts' forecasts. Contemporary Accounting Research, 2003a, 20 (2): 295 - 321.

Hope O-K. Disclosure practices, enforcement of accounting standards, and analysts' forecast accuracy: An international study. Journal of Accounting Research, 2003b, 41 (2): 235 - 272.

Jacob J, Lys T Z, Neale M A. Expertise in forecasting performance of security analysts. Journal of Accounting and Economics, 1999, 28 (1): 51 - 82.

Jegadeesh N, Kim J, Krische S D, et al. Analyzing the analysts: When do recommendations add value?. Journal of Finance,

2004，59（3）：1083 - 1124.

Jensen M C, Meckling W H. Theory of the firm: Managerial behavior, agency costs and ownership structure. Journal of Financial Economics, 1976, 3 (4): 305 - 360.

Lang M H, Lins K V, Miller D P. ADRs, analysts, and accuracy: Does cross listing in the United States improve a firm's information environment and increase market value?. Journal of Accounting Research, 2003, 41 (2): 317 - 345.

Lang M H, Lins K V, Miller D P. Concentrated control, analyst following, and valuation: Do analysts matter most when investors are protected least?. Journal of Accounting Research, 2004, 42 (3): 589 - 623.

Lang M H, Lundholm R J. Corporate disclosure policy and analyst behavior. The Accounting Review, 1996, 71 (4): 467 - 492.

Libby R, Hun-Tong T, Hunton J E. Does the form of management's earnings guidance affect analysts' earnings forecasts?. The Accounting Review, 2006, 81 (1): 207 - 225.

Logue D E, Tuttle D L. Brokerage house investment advice. The Financial Review, 1973, 8 (1): 38 - 54.

Malloy C J. The geography of equity analysis. Journal of Finance, 2005, 60 (2): 719 - 755.

Mayew W J, Venkatachalam M. The power of voice: Managerial affective states and future firm performance. Journal of Finance, 2012, 67 (1): 1 - 43.

McEwen R A, Hunton J E. Is analyst forecast accuracy associated with accounting information use?. Accounting Horizons, 1999, 13 (1): 1 - 16.

McInnis J, Collins D W. The effect of cash flow forecasts on accrual quality and benchmark beating. Journal of Accounting and Economics, 2011, 51 (3): 219 - 239.

Michaely R, Womack K L. Conflict of interest and the credibility of underwriter analyst recommendations. The Review of Financial Studies, 1999, 12 (4): 653 - 686.

Mikhail M B, Walther B R, Willis R H. Do security analysts improve their performance with experience?. Journal of Accounting Research, 1997, 35 (3): 131 - 157.

Mohanram P. Analysts' cash flow forecasts and the decline of the accruals anomaly. Contemporary Accounting Research, 2014, 31 (4): 1143 - 1170.

Moyer R C, Chatfield R E, Sisneros P M. Security analyst monitoring activity: Agency costs and information demands. Journal of Financial & Quantitative Analysis, 1989, 24 (4): 503 - 512.

O'Brien P C, Bhushan R. Analyst following and institutional ownership. Journal of Accounting Research, 1990, 28 (3): 55 - 82.

Pae J, Yoon S-S. Determinants of analysts' cash flow forecast accuracy. Journal of Accounting, Auditing & Finance, 2012, 27 (1): 123 - 144.

Pankoff L D, Virgil R L. Some preliminary findings from a laboratory experimental on the usefulness of financial accounting information to security analysis. Journal of Accounting Research, 1970, 8 (3): 1 - 48.

Payne J. The influence of audit firm specialization on analysts' forecast errors. Auditing: A Journal of Practice & Theory, 2008, 27 (2): 109 - 136.

Radhakrishnan S, Wu S-L. Analysts' cash flow forecasts and accrual mispricing. Contemporary Accounting Research, 2014, 31 (4): 1191 - 1219.

Robertson J C. Analysts' reaction to auditors' messages in qualified reports. Accounting Horizons, 1988, 2 (2): 82 - 89.

Tan H, Wang S, Welker M. Analyst following and forecast accuracy after mandated IFRS adoptions. Journal of Accounting Research, 2011, 49 (5): 1307 - 1357.

Teoh S H, Wong T J. Why new issues and high-accrual firms underperform: The role of analysts' credulity. The Review of Financial Studies, 2002, 15 (3): 869 - 900.

Vergoossen R. The use and perceived importance of annual reports by investment analysts in the Netherlands. European Accounting Review, 1993, 2 (2): 219 - 243.

Wang Y, Hou Y, Chen X. Accounting standard changes and foreign analyst behavior: Evidence from China. China Journal of Accounting Research, 2012, 5 (1): 27 - 43.

Womack K L. Do brokerage analysts' recommendations have investment value?. Journal of Finance, 1996, 51 (1): 137 - 167.

Yoo C, Pae J, Salterio S. Do analysts strategically provide cash flow forecasts?. A multi-theory multi-methods study. Korea Advanced Institute of Science and Technology, Korea University Business School, Queen's University Working Paper, 2011.

Yu F F. Analyst coverage and earnings management. Journal of Financial Economics, 2008, 88 (2): 245 - 271.

Zhang X F. Information uncertainty and analyst forecast behavior. Contemporary Accounting Research, 2006, 23 (2): 565 - 590.

白晓宇. 上市公司信息披露政策对分析师预测的多重影响研究. 金融研究, 2009 (4): 92 - 112.

白晓宇, 钟震, 宋常. 分析师盈利预测之于股价的影响研究. 审计研究, 2007 (1): 91 - 96.

樊纲, 王小鲁, 张立文, 等. 中国各地区市场化相对进程报告.

经济研究, 2003（3）：9-18+89.

范宗辉, 王静静. 证券分析师跟踪：决定因素与经济后果. 上海立信会计学院学报, 2010（1）：61-69.

方军雄. 我国上市公司信息披露透明度与证券分析师预测. 金融研究, 2007（6）：136-148.

管总平, 黄文锋. 证券分析师特征、利益冲突与盈余预测准确性. 中国会计评论, 2012（4）：371-394.

郭杰, 洪洁瑛. 中国证券分析师的盈余预测行为有效性研究. 经济研究, 2009（11）：55-67+81.

胡奕明, 金洪飞. 证券分析师关注自己的声誉吗？. 世界经济, 2006（2）：71-81+96.

胡奕明, 林文雄, 王玮璐. 证券分析师的信息来源、关注域与分析工具. 金融研究, 2003（12）：52-63.

李丹, 贾宁. 盈余质量、制度环境与分析师预测. 中国会计评论, 2009（4）：351-370.

廖明情. 分析师收入预测报告的动机和后果：基于信号理论和声誉理论的分析. 中国会计评论, 2012（2）：157-178.

林翔. 对中国证券咨询机构预测的分析. 经济研究, 2000（2）：56-65.

林小驰, 欧阳婧, 岳衡. 谁吸引了海外证券分析师的关注. 金融研究, 2007（1）：84-98.

王会娟, 张然, 张鹏. 分析师为什么选择性的发布现金流预测？：基于信息需求理论的实证研究. 投资研究, 2012（7）：27-40.

王宇超, 肖斌卿, 李心丹. 分析师跟进的决定因素：来自中国证券市场的证据. 南方经济, 2012（10）：88-101.

王玉涛, 陈晓, 侯宇. 国内证券分析师的信息优势：地理邻近性还是会计准则差异. 会计研究, 2010（12）：34-40.

王玉涛, 王彦超. 业绩预告信息对分析师预测行为有影响吗？.

金融研究，2012（6）：193-206.

袁振超，张路. 分析师现金流预测影响应计质量吗?：基于我国A股市场的经验证据. 投资研究，2013（10）：108-123.

袁振超，张路，岳衡. 分析师现金流预测能够提高盈余预测准确性吗. 金融研究，2014（5）：162-177.

岳衡，林小驰. 证券分析师VS统计模型：证券分析师盈余预测的相对准确性及其决定因素. 会计研究，2008（8）：40-49+95.

朱宝宪，王怡凯. 证券媒体选股建议效果的实证分析. 经济研究，2001（4）：51-57.

朱红军，何贤杰，陶林. 中国的证券分析师能够提高资本市场的效率吗：基于股价同步性和股价信息含量的经验证据. 金融研究，2007（2）：110-121.